공공투자분석

— 사업성평가 실무강좌 —

김 상 봉 저

세창출판사

이 도서의 국립중앙도서관 출판시도서목록(CIP)은 e-CIP 홈페이지(http://www.nl.go.kr/ecip)에서 이용하실 수 있습니다.(CIP제어번호: CIP2009000658)

| 머 리 말 |

최근의 논의는 아니지만 공공 및 행정시스템의 개혁을 주장하는 논의가 다각도로 검토되고 있고, 또한 행정시스템에 있어서의 의사결정 프로세스 그 자체에 관한 논의도 다양하다. 특히, 국가예산배분에 있어서 배분의 대상이 되는 정책적 사업의 정당성과 합리적인 평가방법 또는 경합하는 각 사업간의 우선 순위결정 등에 관한 객관적 기준의 확립, 이러한 프로세스에 관한 투명성 확보라고 하는 주요 과제들을 얘기할 수 있다.

19세기 유럽에 있어서 토목분야 등의 기술자집단이 공공사업의 정당성을 나타내기 위해 활발한 논의를 진행한 결과 오늘날 공공경제학 및 후생경제학이라고 불리는 분야의 발단으로 전개되어 왔다는 견해가 있다. 그로부터 약 1세기를 거친 오늘날에 있어서도 공공사업과 정책분석에 관한 사회적 의사결정의 문제는 여전히 공공정책학의 주요 과제이며, 여기에 관한 다수의 이론과 방법론의 개발이 이루어져 왔다. 공공정책사업의 효율성을 제고시키기 위한 사업타당성 분석에 관한 이론개발과 실제적 산정방법에서 그 동안 큰 진전을 이루어 왔고 그 적용범위도 광범위하게 확대해 오고 있다.

그러나 우리나라에 있어서 공공투자사업에 대한 분석 및 평가는 그 이론적 체계가 국가적 차원에서 미확립된 부분이 다수 존재하고 있으며, 또한 이를 실제 활용하게 되는 행정조직에 있어서도 실시와 운용에 있어 정착되지 못한 경향이 있다.

그 이유로서는 첫째, 실제로 공공투자사업에 관여하고 있는 행정조직 내의 실무자가 사업타당성분석에 관하여 스스로 학습한다는 것은 일반적으로 어려운 요인들이 있어 실제로 활용하려고 하는 의욕을 저하시키는 것으로 생각된다.

둘째는 실제로 활용하려고 하더라도 데이터 활용에 있어 제약과 신뢰성 결여 등의 문제에 부딪혀 정보공개에 의한 책임 또는 정보공개를 할 만한 결과를 얻기 어렵다고 생각된다.

그리고 셋째는 가령 공공투자사업의 타당성분석에 대해 의욕적인 사람이 있다 하더라도 계량적 · 화폐적 평가에 대한 심리적 저항감에 의해 소극적 태도를 가진 사람이 조직 내에 다수 존재하면 본래 의욕적이던 사람도 사업성분석의 실시를 주장하는 것은 조직 내의 마찰을 고려, 회피하게 된다는 것도 생각할 수 있다. 이처럼 행정 및 정책사업의 평가 등에 있어서 실제로 사업타당성 분석이 정착되지 못한 것은 행정조직의 내적 요인이 우선 작용한 것으로 생각된다.

특히, 행정시스템을 매개로 실시하는 정책평가와 예산배분의 결정과정에 있어 합리성과 투명성이 요구되는 오늘날이야말로 최신의 연구 성과를 가미한 새로운 공공사업 평가방법의 체계구축과 실질적 운용방법을 검토, 확립하여 행정실무에의 정착을 도모할 최대의 호기라고 생각되며, 이에 이 책 발간의 주목적을 두고자 하였다.

이 책은 공공투자사업의 타당성분석을 위한 복잡한 이론적인 내용은 최대한 생략하고자 하였으며 실무적인 활용기법과 실습사례를 위주로 현장공무원과 실무연구자 그리고 사업타당성 분석에 관심이 있는 분이 직접적으로 활용 가능한 실무강좌 형태로 전개하고자 하였다.

제1장은 공공투자사업의 사업타당성 평가를 위한 기초적인 평가체계의 구축과 다양한 효과의 발굴 그리고 기본적인 분석의 실시흐름에 관해 명료하게 제시하였다. 제2장은 공공투자사업의 사업타당성 평가를 위한 편익분석 방법인 소비자잉여 접근법과 구체적인 분석요건의 습득, 그리고 CVM에 의한 편익분석 및 평가방법을 습득하도록 하였다. 제3장은 공공투자분석을 위한 비용

의 산정과 평가지표의 산정에 관해 구체적인 실무기법과 실시요령을 제시하고 있다. 마지막 제4장은 지금까지의 사회경제적 관점에서의 사업타당성 분석과는 달리 민간사업자의 재무적 관점에 있어서 사업성 분석방법에 관한 실시요령위주로 전개하고 있다. 재무적 타당성분석을 위한 분석기법과 실습사례를 통해 실질적인 분석방법을 습득하도록 하였다.

이러한 분석내용과 방법이 경제학이나 통계학과 같은 계량학문과 어려운 수학공식을 이해할 수 있는 사람이어야만 쉽게 접근할 수 있을 것으로 생각할지 모른다. 그러나 이 책에서는 절대 어려운 수식은 가능한 제어토록 하였으며, 일반 사회과학을 공부한 분도 논리적이고 사물을 원단위적인 사고로 접근할 수 있다면 충분히 이해가능하고 활용 가능한 분석방법 위주로 설명·제시하고자 하였다.

끝으로 이 책의 기초 원고정리 작업에 열의를 다해주었던 석사과정 박충훈 군의 노고에 감사드린다. 그리고 이 책이 나오기까지 세심한 배려와 편집에 많은 수고를 하여 주신 세창출판사 임길남 상무님과 편집부 여러분들께도 심심한 謝意를 표하는 바이다.

2009년 2월

저　자 씀

| 차　례 |

제1장 | 공공투자사업평가의 체계구축과 기초

제2장 | 비용편익분석의 기초와 편익산정

제3장 | 비용산정과 평가지표산정

제4장 | 재무적 타당성 분석

제 1 장 공공투자사업평가의 체계구축과 기초

▶ 강의개요

○ 공공투자사업의 사업성 평가를 위한 전체적 구도와 틀을 구축하고 특히 재정투융자사업에 있어서의 평가척도와 가중치의 설정 등 정부예산사업의 평가와 신청을 위한 기초내용을 습득한다.

○ 공공투자사업에 따른 각종 효과의 발생과 그 양태에 관한 기본적 내용을 파악한다.

○ 공공투자사업의 사전, 사후평가를 위한 가장 기본적이고 일반적 방법인 비용편익분석의 기본적 흐름과 기본전제에 관해 습득한다.

▶ 학습목표

○ 공공투자사업의 평가체계 구축

○ 공공투자사업의 실시에 따른 효과의 발현

○ 비용편익분석의 실시흐름과 분석의 기본전제

▶ 빅맥지수: Big Mac Index

Q. 여러분은 맥도널드에서 판매하고 있는 빅맥(Big Mac) 햄버거를 먹어보신 적 있는지요?

○ 맥도널드 햄버거는 전세계 거의 모든 지역에 진출해 있는 글로벌 상품이자 소비재입니다. 이와 유사한 소비재로는 우리가 잘 아는 코카콜라도 그 대표적인 상품이지요. 이처럼 전세계가 소비하는 재화를 이용하여 해당 도시와 지역의 경제성과 구매력을 파악하기 위하여 유명 경제전문지들이 이를 지수화하여 발표하곤 합니다. 우리나라 상품으로는 김치도 이에 포함되어 김치지수가 필요하기도 합니다.

○ 그렇다면 이 빅맥 햄버거 하나를 소비하기 위해 세계도시의 노동자들은 얼마나 노동을 해야 구입이 가능한지 궁금하지 않은지요?

○ 영국 파이낸셜타임지(FT)가 발표한 빅맥지수를 보면 다음과 같습니다.

| 빅맥 한 개를 사기 위해 얼마나 일해야 하나 |

도 시	분	도 시	분
LA, 시카고, 동경	**10**	**서 울**	**28**
뉴 욕	12	자카르타	67
홍 콩	13	멕시코시티	75
취리히, 토론토, 몬트리올	14	키예프	84
룩셈부르크, 빈	15	보고타	93
제네바, 베를린, 런던	16	뭄바이	112
오슬로, 브뤼셀, 타이베이	18	카라치	132
헬싱키, 시드니, 파리	19	**나이로비**	**185**
마드리드, 아테네, 싱가포르	21		

자료 : 스위스 투자은행(UBS)

Ⅰ. 공공투자사업의 평가체계 구축

○ 공공투자사업평가의 기본적 체계는 ‘비용효과분석단계’와 비용효과분석을 중요한 하나의 평가항목으로 위치시킨 ‘종합적・체계적 평가단계’로 정리할 수가 있다. 우선, ‘종합적・체계적 평가단계’는 ‘비용효과분석’을 포함 ‘수요동향분석’, 공공 및 행정사업의 성격과 필요에 의해 그 실시가 요구되는 ‘재무분석’, ‘지역(주민)과의 조정상황’, ‘지역개발전략과의 정합성’ 등 질적 평가 항목도 고려하여 종합적으로 평가하는 단계이다. 특히 ‘지역(주민)과의 조정상황’과 ‘지역개발 전략과의 정합성’ 등은 비용효과분석에 기초한 사회경제적 효율성 측면에서만은 평가할 수 없는 항목에 해당된다.

○ 또한 ‘비용효과분석단계’는 기본적으로 사업의 비용(cost)과 편익(benefit)을 중점적으로 취하여 사회경제적 효율성의 측면에서 평가하는 단계로 이의 일부에 포함되는 ‘질적 평가’항목도 기술적・실무적인 어려움이 해소된다면 사회경제적 효율성의 측면에서 평가되어야만 하는 것으로 생각된다.

○ 평가방법들에 대해 구체적으로 서술하면, 우선 ① 수요동향분석(Analysis of demand forecast)이란 평가대상인 시설(정비사업에 의한 서비스 시설 등)・서비스를 이용하는 인적・물적 수요의 장래동향과 추이를 분석하는 것이며 사업평가를 위한 기본적 요소를 제공하게 된다. ② 재무분석(Financial analysis)이란 사업자의 수입과 지출을 산정하고 이를 비교 검토함으로써 사업실시의 타당성을 체크하는 일련의 분석이다. 이는 공공사업에 관여하고 있는 민간사업자 등에 의한 평가방법에 해당된다. ③ 비용효과분석이란 사업에 필요한 건설비, 유지개량비, 재투자 등의 비용에 대한 편익 등 효과를 사회경제적 효율성이란 관

점에서 분석하는 것이다. 따라서 여기에서는 이용자에의 효과와 함께 공급자에의 효과 그리고 지역경제효과 등 지역기업 및 주민에의 효과도 포함하고 있다.

○ 공공사업의 실시에 있어서 ④ 지역(주민)과의 조정(Adjustment with the Citizen & Local)상황이란 비용효과분석에 의한 사회경제적 효율성 측면에서는 평가할 수 없는 항목으로 지역(주민)과의 전반적 조정상황의 검토 결과 사업의 실현가능성을 평가하는 것이다. 그리고 ⑤ 지역개발전략과의 정합성(Consistency with the local development strategy)이란 기존 기반시설(Stock)과의 정합성, 상위계획 및 관련계획과의 정합성, 지역간의 형평성 등의 측면에서 평가하는 항목으로 지역(주민)과의 조정상황과 마찬가지로 비용효과분석에 의한 사회경제적 효율성만으로는 평가할 수 없는 항목이다. 또한 상위계획, 관련계획과의 정합성에 관하여는 국내뿐만 아니라 국제적 관점도 포함된다. '수요동향분석', '재무분석'과 '비용효과분석'은 상호연계 · 정합성을 가진 분석이 되어야 한다는 점, 또한 '비용효과분석'은 시설효과(forward linkage effects)[1)]에서 본 사회경제적 효율성에서 평가되어야 한다는 것에 유의할 필요가 있다. 이러한 종합적 · 체계적 평가항목과 관련내용을 정리하면 다음 [표 1-1]과 같다.

○ 종합적 · 체계적 평가는 다음 5단계를 걸쳐 실시할 수 있다. 여기서 비용편익분석은 다음의 제1, 2단계, 그리고 비용효과분석은 제3단계에 해당된다.

— 제1단계(비용편익분석): 이 단계는 비용편익분석(Cost Benefit Analysis) 단계이다. 이 단계에서는 '수요동향분석' 및 '재무분석'과 병행하여 서로 정합성을 가지고 또한 사업의 주요

1) 일반적으로 forward linkage effects 또는 stock effect라고 일컫는다. 공공투자사업 등에 의해 공공서비스 시설을 이용함에 따라 발생하는 각종 경제적 효과를 말한다.

목적에 상응하여 일정한 정확성이 확보가능한 화폐가치로의 환산 가능한 효과(편익)만을 산정의 대상으로 한다. 여기서 평가대상이 된 시설효과(forward linkage effects)와 비용에 대한 평가지표를 산정하여 사회경제적 효율성을 분석하게 된다.

— 제2단계(비용편익분석의 편익항목 확충): 이 단계에서는 1단계에서의 편익 및 효과항목을 확장하여 평가하는 단계이다. 현재의 기술수준으로는 그 효과산정에 있어 어느 정도의 과제가 남아 있기는 하지만 중요한 시설효과가 존재하는 경우 제1단계의 편익항목에 추가하여 가능한 한 평가하도록 한다. 특히 이 단계에서 편익항목을 확장하여 평가를 행할 경우 산정된 편익이 제1단계의 편익과 중복평가(double count) 되어서는 안 된다. 제2단계에서 편익항목의 확충을 행한 경우 이 편익과 제1단계의 편익과를 합산하고 평가지표에 의해 사회경제적 효율성을 분석한다.

— 제3단계(비용효과분석): 위의 비용편익분석 결과와 함께 1,2단계에서 편익으로서 산정대상이 되지 않았던 평가항목과 또는 상기편익항목과 중복되는 효과일지라도 화폐환산가치가 아닌 물리적 단위(양적, 질적 평가) 등을 사용하여 그 효과를 표현하는 것이 바람직할 경우 분석·평가하는 것이다. 이 효과항목은 다음의 2가지 점에 유의하여 추출하도록 한다. 첫째는 제1, 2단계의 편익항목과 중복되지만 행정투자 및 사업의 의의를 명확히 하고자 하는 측면에서 정리해 두어야 하는 효과, 둘째는 비용편익분석에서는 화폐환산화가 어려워 정리되지 못한 효과이지만 사업의 의의를 이해하는 측면에서 정리하여야 하는 효과 등이다.

— 제4단계(개별사업의 종합적·체계적 평가): 위 각 단계의 '비용효과분석'과 함께 '수요동향분석', '재무분석' 또는 사회경제적 효율성에서 평가할 수 없는 '지역(주민)과의 조정상황',

'지역개발전략과의 정합성 등'을 검토하여 개별사업의 종합평가를 행한다.

— 제5단계[종합적인 이종(異種)사업간 비교평가]: 위 개별사업의 종합적·체계적 평가결과를 검토한 후 이종(異種)사업 간의 상호비교를 통해 종합적인 비교·평가를 행한다. 이 가운데 5단계에 관하여는 현 시점에 있어서 이종사업 간의 비교에 관한 평가수법 확립은 앞으로 충분한 연구검토가 필요하다.

| 그림 1-1 | 종합적·체계적 평가의 기본 틀과 비용편익분석

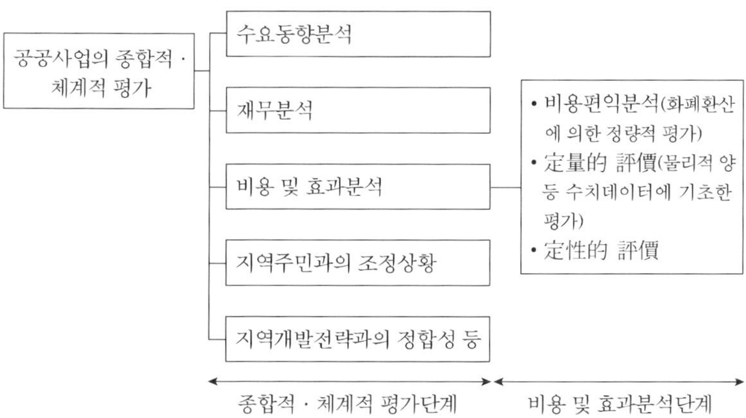

| 표 1-1 | 공공사업의 종합적 · 체계적 평가의 기본적 체계

평가항목	주 요 내 용
① 수요동향분석	공공투자사업에 의해 직접적으로 효과를 얻는 주체 등의 규모(인류 · 물류수요의 장래동향, 토지, 건물 등 국토보전자원의 대상규모 등)분석이다.
② 재무분석	공공투자사업에 관한 ①의 '수요동향분석', 필요한 건설비, 유지개량비 · 재투자 등 비용 및 자금계획에 기초한 사업자의 수입과 지출을 산정하고 사업자에 있어서 사업실시의 타당성을 검토하는 분석이다.
③ 비용효과분석	공공투자사업에 필요한 건설비, 유지개량비 · 재투자 등에 대한 편익 · 효과를 사회경제적 효율성에서 분석하는 것. 또한 편익, 비용은 ①의 '수요동향분석', ②의 '재무분석'과 정합하여야 한다. 또한 해당사업의 주요한 편익 · 효과는 물론 현재 기술적 · 실무적으로 화폐환산화, 정량화가 어려운 편익 · 효과항목이더라도 본래 사회경제적 효율성에서 평가해야만 하는 것으로 그 의의 · 효과를 국민에게 넓게 제시할 필요가 있는 시설효과항목은 편익 산정상 중복이 있더라도 전부 여기에 포함된다.
④ 지역(주민)과의 조정	지역(주민)과의 조정상황에서 평가하는 항목이다. 이것은 ①의 '수요동향분석', ②의 '재무분석' 및 ③의 '비용효과분석'(질적 항목 포함)에 의한 사회경제적 효율성으로는 평가할 수 없는 항목이다.
⑤ 지역개발전략과의 정합성 등	기존시설과의 정합성, 상위계획 · 관련계획과의 정합성, 지역간 형평성이라고 하는 평가항목. 이것은 ④의 '지역(주민)과의 조정'과 마찬가지로 ①의 '수요동향분석', ②의 '재무분석' 및 ③의 '비용효과분석'(질적 항목 포함)에 의한 사회경제적 효율성만으로는 평가할 수 없는 항목이다. 또한 상위계획, 관련계획과의 정합성에는 국내뿐만 아니라 국제적 시점도 포함된다.

| 표 1-2 | 비용효과분석 단계에서의 평가항목

비용효과분석평가항목	주 요 내 용
A. 비용편익분석(화폐환산에 의한 정량적 평가)	기존의 비용편익분석에 대응된다. 화폐로 환산한 편익·비용을 현재가치로 할인하여 분석한다. 또한 편익·비용의 중복산정은 허용되지 않는다.
B. 정량적 평가(물리적 양 등 수치데이터에 기초한 평가)	사회경제적 효율성과 연관한 사업특성의 이해, 사업PR에 도움이 되는 항목으로 a의 편익에서 파급하는 혹은 고려되지 않았던 효과를 포함하여(a와 중복 포함), 물리적 양 등(화폐환산 포함) 수치데이터로 평가해야만 하는 항목이다.
C. 정성적 평가	원래 사회경제적 효율성에서 a, b에서 평가되어야만 하는 항목이지만 현시점에서는 기술적·실무적으로 정성적 분석이 어려운 항목이다.

II. 투융자심사에 의한 점수평가

1. 평가기준의 선정

(1) 재무·경제적 효율성

○ 비용편익(B/C)분석 기법에 의하여 순현재가치(NPV), 편익비용비(B/C Ratio), 내부수익률(IRR) 값을 구하여 재무·경제적 효율성을 구한다.

○ 적용 세부항목

— 공공사업은 민간 부문의 사업과 달리 사업 자체로 인한 수익성을 거의 기대할 수 없으므로 주민이 얻는 사회적 편익을 경제적 효율성 항목에 포함하여 평가한다.

— 사업시행으로 인한 직접적 수익성: 사업시행으로 얻는 재무적 수익

— 사업시행으로 인한 간접적 수익성: 주민이 얻는 소득, 각종

비용 절감액 등

○ 평가척도: B/C분석을 적용하는 것을 원칙으로 하나 편익이 화폐화되지 않는 사업은 불가피하게 ②번 기준을 적용한다.

① B/C 분석 적용: 투자수익률 기준 10% 이상, 5~10% 미만, 2~5% 미만, 2% 미만으로 분류

② B/C 분석 미적용: 투자수익률이 대단히 높은 사업, 투자수익률이 높은 사업, 투자수익률이 보통인 사업, 투자수익률이 낮은 사업으로 분류

(2) 사업의 파급효과

○ 사업실시로 인한 고용증대에 미치는 효과(소득효과는 경제적 효율성 분야에서 평가한다), 국민 정신위생에 미치는 효과, 생활환경 개선에 미치는 효과, 화폐가치화할 수 없는 사업의 직접·간접효과를 분석한다.

○ 평가척도: 일반사업과 도로(교통로)사업으로 분류하여 평가한다.

— 일반사업: 파급효과가 매우 큰 사업, 파급효과가 큰 사업, 파급효과가 보통인 사업, 파급효과가 적은 사업으로 분류·평가한다.

— 도로분야(교통로) 사업: 사업시행 전후 차량혼잡도 개선효과 대비 0.5 이상 상승, 0.3~0.5 미만 상승, 0.1~0.3 미만 상승, 0.1 이하 상승으로 구분

(3) 주민의 숙원도

○ 주민의 기초욕구, 주민의 사업요구, 민원발생과 관련하여 집단적·계속적 빈도를 판단하여, 주민생활과 밀접한 정도를 파악한다.

○ 평가척도: 높음, 보통, 낮음, 매우 낮음의 4단계로 평가한다.

(4) 주민의 수혜도

○ 투자사업의 실시로 그 편익 내지 효과를 받는 주민의 범위의 정도와 관련되는 것으로 자치단체 전체주민을 기준으로 평가할 수도 있고, 계층별로도 평가할 수 있다.

○ 평가척도: 70% 이상, 50~70% 미만, 20~50% 미만, 20% 미만의 4단계로 평가한다.

(예) 일반사업: 당해 자치단체의 수혜인구 ÷ 당해 자치단체의 총인구

복지사업: 당해 단체 사회복지대상자 ÷ 전국 사회복지대상자의 평균

(5) 사업요구도

○ "당해 자치단체의 현재 사업성과 수준"과 "국가제시 성과수준 목표치" 또는 "동일계층 자치단체의 성과수준" 또는 "전국의 현재 성과수준의 평균"을 대비하여 요구도를 측정한다.

○ 평가척도: 요구도 측정은 0.4 미만, 0.4~0.7 미만, 0.7~1.0 미만, 1.0 이상의 4단계로 평가하며, 수치가 낮을수록(0에 가까울수록) 사업 요구도는 높은 것으로 평가한다.

○ 평가지표 적용 사례

— 당해 자치단체의 현재성과 수준 ÷ 전국의 현재성과수준의 평균

· 전북도로포장률 73.3% ÷ 전국도로포장률 76.0% = 0.964

— 당해 자치단체의 현재성과 수준 ÷ 동일계층 자치단체의 현재성과 수준

— 당해 자치단체의 현재성과 수준 ÷ 국가가 제시하는 성과수준 목표치

(6) 재원조달 가능성

○ 사업에 소요되는 비용을 어떠한 재원으로 조달하는가와 관련하여 재원확보 가능성을 평가한다.

○ 평가척도: 100%, 60~100% 미만, 30~60% 미만, 30% 미만의 4단계로 평가한다.

(7) 사업추진상태

○ 사업추진 준비과정 또는 상태를 고려하여 평가한다.

○ 평가척도: 사업발주단계, 기본계획수립단계, 기본계획구상단계, 추후 시행 바람직한 사업으로 구분 판단한다.

2. 분야별 가중치 설정

○ 분야별 가중치를 투자사업의 성격에 따라 항목별로 다르게 설정한다.

— 산업단지조성은 경제적 효율성과 사업파급효과를 강조하고, 보건사회분야는 주민숙원도와 수혜도를 강조한다.

| 표 1-3 | 사업별 평가가중치 부여 예

구 분	사회보건	청소환경	산업경제	도로교통	상하수도	치수재해대책	지역개발	문화예술체육	민방위소방	일반행정
경제적 효율성	1	1	3	2	2	2	2	1	1	1
사업파급효과	1	2	4	3	2	3	3	3	2	2
주민숙원도	4	3	2	3	2	3	3	2	2	2
주민수혜도	4	4	1	2	4	2	2	3	3	3
사업요구도	2	2	2	2	2	2	2	2	4	4
재원조달 가능성	1	1	1	1	1	1	1	2	1	1
사업추진상태	1	1	1	1	1	1	1	1	1	1

3. 평가척도별 점수 부여

○ 평가기준의 평가척도를 4단계로 구분 설정하여 평가점수 부여 사례

| 표 1-4 | 4단계 평가척도하의 평가점수 부여사례

<table>
<tr><th rowspan="2">평가기준</th><th rowspan="2">측정항목</th><th rowspan="2">적용분야</th><th colspan="4">평 가 점 수</th></tr>
<tr><th>10점</th><th>8점</th><th>6점</th><th>4점</th></tr>
<tr><td rowspan="2">경제적 효율성</td><td rowspan="2">투자 효율성</td><td>B/C분석 미적용시</td><td>아주 높음</td><td>높음</td><td>보통</td><td>적음</td></tr>
<tr><td>B/C분석 적용시</td><td>10% 이상</td><td>5-10% 미만</td><td>2-5% 미만</td><td>2% 미만</td></tr>
<tr><td rowspan="2">사업 파급효과</td><td>파급효과</td><td>일반사업</td><td>매우 큼</td><td>큼</td><td>보통</td><td>적음</td></tr>
<tr><td>교통체증 완화</td><td>교통로 (도로)</td><td>0.5 이상 상승</td><td>03.-0.5 미만 상승</td><td>0.1-0.3 미만 상승</td><td>0.1 이하 상승</td></tr>
<tr><td>주민 숙원도</td><td>민원해결 · 가능성</td><td>전 분야</td><td>높음</td><td>보통</td><td>낮음</td><td>매우 낮음</td></tr>
<tr><td>주민 수혜도</td><td>수혜범위</td><td>전 분야</td><td>70% 이상</td><td>50-70% 미만</td><td>20-50% 미만</td><td>20% 미만</td></tr>
<tr><td>사업 요구도</td><td>성과지표</td><td>전 분야</td><td>0.4 미만</td><td>0.4-0.7 미만</td><td>0.7-1.0 미만</td><td>1.0 이상</td></tr>
<tr><td>재원조달 가능성</td><td>재원확보 가능성</td><td>전 분야</td><td>100%</td><td>60-100% 미만</td><td>30-60% 미만</td><td>30% 미만</td></tr>
<tr><td>사업추진 상태</td><td>사업추진 준비</td><td>전 분야</td><td>발주단계</td><td>계획 추진 중</td><td>계획구상</td><td>추후 바람직</td></tr>
</table>

III. 공공투자사업의 실시에 따른 효과발현

1. 공공투자사업에 의한 효과발현양상

○ 인간의 Life Cycle, 공공시설 및 프로젝트도 주기(life)를 가지고 있다.

○ 공공시설의 계획(planning)과 건설(construction), 운영단계(service life)를 고려한다.

○ 인간과 다른 점은 해당 시설을 정비할 당시의 최초용도를 타 시설로 전환(시설의 용도변경)하지 않는 이상 해당 시설의 프로젝트 라이프(Project life)나 서비스 라이프(Service life)는 지속적이라는 것이다.

○ 이러한 상황에서 한정된 능력과 기술을 가진 인간이 과연 어떻게 공공투자사업을 평가하고 효과를 산정해 나가야 하는가는 중요한 과제이다.

○ 공공투자사업의 평가에서 무엇보다 중요한 것은 새롭게 발생하는 다양한 효과를 적절하게 파악 평가하는 것이다.

○ 그 결과, 사업에 의해 어떠한 효과가 있는가를 아는 것이 무엇보다 기본적인 순서이다.

○ 그림에서 보여주는 것과 같이 크게 사업효과(backward linkage effect)와 시설효과(forward linkage effect)로 분류한다.

○ 비용효과분석에서 사회적 편익으로서 산정대상으로 하는 효과는 '시설효과'이다.

○ 사업효과는 건설단계에 한해서 발생하는 한시적인 효과로 고용증대, 지역경제면에서의 격차시정 등의 관점에 있어 중요한 지표이다.

| 그림 1-2 | 공공투자사업에 의한 효과의 발현

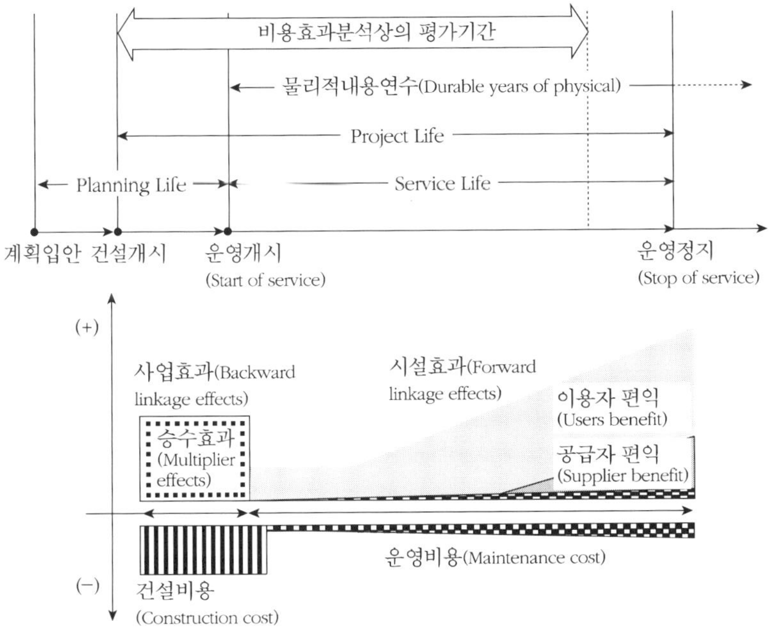

2. 효과의 분류와 체계

○ 효과를 추출하는 작업을 행함에 있어 일반적으로 고려되고 있는 효과체계를 검토한다.

(1) 사업효과와 시설효과

○ 공공사업의 운영 전(前) 조사 · 건설단계에서 발생하는 효과를 시설정비사업이 실시되고 있다라고 하는 의미에서 '사업효과'와 시설이 이용됨으로 인해 발생한다고 하는 의미에서 '시설효과'로 구분한다.

1) 사업효과

① 투자사업에 기인하여 발생하는 효과로 공공투자사업의 효과발현과정에 있어 계획 및 건설단계에 있어 건설행위를 행함에 의해 발생하는 효과이다.

② 정비사업이 완료되면 소멸되는 효과이기 때문에 Flow효과라고도 한다.

③ 건설이나 투자를 위해 노동력, 자재 또는 필요한 재화나 서비스 등을 조달 · 투입해가는 단계에서 발생하는 효과로서의 의미가 있다.

④ 예를 들면 도로사업을 행할 경우 노동력, 자재, 설계 및 시공관리 등 건설업계의 수요가 증가하고 이에 의해 철강, 시멘트 등 건설자재생산과 수송업 등 타 업종에의 수요증대에 파급하게 되는, 즉 경제순환 프로세스에 의해 경제시스템 전체에 영향을 미치게 된다.

⑤ 사업효과를 산업상호간의 연관관계를 통해 생산과정의 보다 후방에 위치하는 산업에 파급하는 효과라는 의미에서 후방연쇄효과(Backward linkage effect)라고도 한다.

2) 시설효과

① 공공시설이 시설로서 기능함에 따라 발생하는 효과로 노동력, 자재 등을 투입하여 형성된 사회자본, 즉 Stock으로서의 시설이 장기적으로 발생시키는 효과를 의미한다.

② 시설효과는 산업상호간의 연관관계를 통해 생산과정의 보다 전방에 위치하는 산업에의 효과라는 의미에서 전방연쇄효과(Forward linkage effect)라고도 한다.

(2) 주체에 의한 분류

○ 인프라시설정비 및 공공투자사업의 실시에 의해 영향을 받는

주체는 다음과 같이 다양하다.

① 시설서비스의 이용자(수요자)

② 서비스 공급자인 사업자(이를 또한 정비하는 주체와 운영하는 주체로 구분가능)

③ 거주자(가계)

④ 기업(이는 경우에 따라 업종별 등으로 세분화 가능)

⑤ 지방자치단체

⑥ 국가

○ 이러한 주체는 그 평가의 관점(가계의 경우는 효용, 기업의 경우는 이윤, 공공기관의 경우는 재원의 안정 등)이나 그 구성요소, 행동원리가 다르기 때문에 분류하는 것이 바람직하다.

(3) 기타 분류

○ 기타 분류로서 효과의 발현이 주목하는 재화의 시장내외에 의해

— 내부효과와 외부효과로 분류하는 방식이 있다.

○ 효과가 사업에 의해 직접적으로 초래된 것인가 아닌가에 의해

— 직접효과와 간접효과로 구분한다.

○ 그러나 여기서 주목해야만 하는 것은 '직접'이라고 하는 용어의 애매성이다. 예를 들면 도로정비사업의 직접효과를 '해당 도로의 이용자가 직접적으로 받는 효과'라고 정의한 경우 해당 도로사업에 의해 신규로 입지한 이용자가 받는 효과는 직접효과라고 말할 수 없는 것인가 라고 하는 점이다. 따라서 직접효과, 간접효과라고 하는 분류를 사용하는 것은 유의할 필요가 있다.

IV. 공공투자사업의 평가에 관한 전반적 내용

1. 공공투자사업에 관한 분석평가 미정착 이유

(1) 사회간접자본의 압도적 부족과 정비재원의 부족

○ 한국전쟁 이후 근대 경제성장기를 거치는 동안 사회간접자본시설은 압도적으로 부족했고 정비재원도 최저수준이었고, 어느 분야도 최저한의 투자수준을 충족시키지는 못하였다.

○ 열차 차창을 통해 출입해야 할 정도의 혼잡한 철도, 화물차량의 부족으로 인한 물류창고의 화물운송 증체, 항만시설의 부족으로 인한 선박의 증체현상, 매일 일어날 정도의 정전, 빈발하는 대규모 수해 등 이러한 열악한 사회간접자본시설에 의해 투자의 배분은 경제효과에 의한 원리보다는 모든 것이 필요했고 어디부터 먼저 실행할 것인가는 가치관의 문제였다.

○ 즉 어느 분야 어느 곳에 투자하더라도 그 효과는 높았으며 한정된 재원을 어느 분야에 혹은 어느 지역에 배분할 것인가는 중앙관청의 국·과장 권한 및 식견에 해당되는 상황이었고 또한 재정당국의 판단이었으며 정치적 결정의 대상이었다.

(2) 재원을 어떻게 확보할 것인가가 사업배분을 규정

○ 재원의 부족에 의해 수익자가 특정화되는 사업

○ 재원의 부담에 의해 사회자본을 정비하는 방식 채용

○ 재원이 투자액을 결정하고 수요대응성에 의해 공공투자의 유무와 배분을 결정

○ 공공투자에 대한 공공성의 평가의 개념이 불필요, 불만요소가 제어

○ 재무평가가 사회경제적 효율성 평가를 대신

(3) 예측 및 평가방법의 미확립

○ 고도경제성장기 급변하는 사회구조 변화
○ 사회간접자본 정비는 대부분 과소평가 경향
○ 당시의 트렌드(trend) 예측방법이나 평가는 무의미
○ 장래의 구상, 전략이 더 중요
○ 수요 수반형이 아닌 수요 선점형 사업이 주류
— 항만, 임해공업, 국가간선도로 등

(4) 공공투자에 대한 국민의 무관심

○ IMF 당시 공적 자금의 투입에 관한 관심여부
○ 미국은 도시 및 지방정부의 세수와 세출에 관한 납세자의 논의가 활발한데
○ 한국은 재정수입과 지출관계, 수익자와 부담자의 관계에 큰 관심이 없었다.

(5) 1960년대 후반 미국에서의 PPBS(Planning Programming Budgeting System: 계획예산제도)

○ 1961년 맥나마라(McNamara) 국방장관의 국방예산 편성도입
○ 1965년 존슨대통령에 의해 연방정부 예산편성에 전면도입
— 주요논점
① 경제적 분석
② 정보 및 정책적 기술(OR, CBA)의 개발
③ 계획과 예산의 통합

2. 공공투자사업에 대한 주요비판 내용

(1) 공공투자의 남용

○ 불필요한 건설

○ 중복투자
○ 공공사업간의 조정부족
○ 고(高) 비용

(2) 분야간 · 지역간 배분의 부적절
○ 배분기준의 불명확
○ 가치관 중심

(3) 공공투자 발주에 관한 불명료
○ 선정기준, 평가기준의 불명확

(4) 환경문제를 주원인으로 하는 주민의 사업에 관한 반대운동 속에서
○ 공공투자의 필요성이 문제시되고 있다.

3. 공공투자사업평가의 새로운 흐름과 규정

(1) 사전 · 사후평가의 실시
○ 비용편익분석 평가방법의 확립
○ 사업의 사전, 사후, 사업중 평가결과의 공표

(2) 정보의 공개와 PI(Public Involvement)
○ 내부결정의 불명료함의 방지
○ 관계자 의견의 폭넓은 청취

(3) 파트너십의 확립
○ 국민과 행정, 관과 민, 국가와 지방자치단체의 관여(Involvement) 방식의 재검토

○ 협조와 역할분담을 통한 보다 합리적인 계획과 실현을 도모하는 방식 검토

(4) 공공사업의 비용절감

○ 중점적 사업의 선정, 집중적 투자에 의한 투자효과의 조기도출
○ 비용절감 목표의 설정과 그 실현책의 확립

(5) 사회실험의 실시

○ 사회적으로 영향이 큰 사업은 실시에 따른 주민의 불안이 크고, 그 실현 또한 어려움이 있다.
○ 일정기간 실험적으로 실시하여 주민의 참여에 의한 평가와 개선사항을 도출하여 경우에 따라서는 사업의 중지도 검토하고 사회실험의 제도화가 필요하다.

V. 비용편익분석의 실시흐름

○ 대상사업에 따라 다소 차이는 있지만 비용편익분석은 일반적으로 다음 순서에 의해 실시한다.

| 그림 1-3 | 비용편익분석의 실시흐름

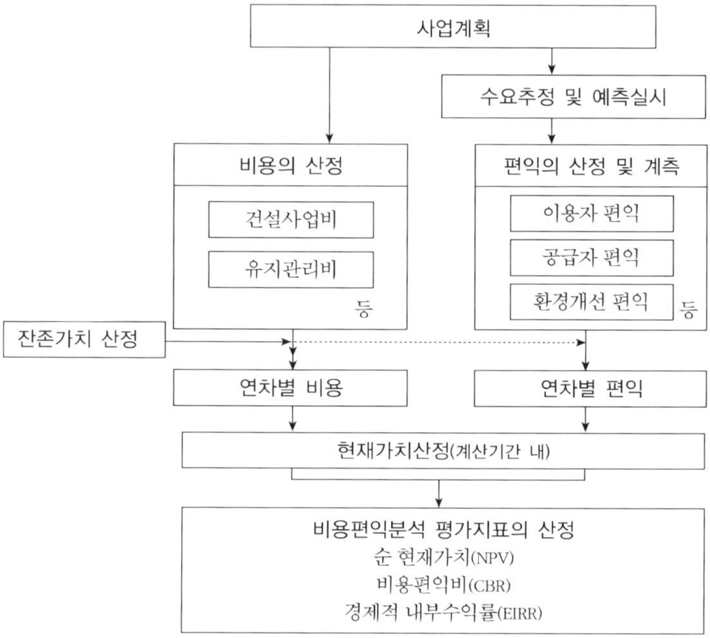

○ 비용편익분석의 전체적 순서에 관해 개략정리하면 다음과 같다.

1. 수요추정 및 예측실시

○ 사업의 특성에 맞는 적절한 방법으로 사업의 실시경우(With case)와 사업미실시의 경우(Without case)를 고려하여 수요예측을 실시한다.

| 표 1-5 | 수요예측결과의 정리 예

With case

(만인/년)

운영개시연차	연도	노선1	노선2	……	전노선 수요량	비고
1	○○○○	○○	○○	○○	○○○○	수요예측실시
2	○○○○	○○	○○	○○	○○○○	
·	○○○○	○○	○○	○○	○○○○	
·	○○○○	○○	○○	○○	○○○○	
·	○○○○	○○	○○	○○	○○○○	
·	○○○○	○○	○○	○○	○○○○	수요안정기까지 선형회귀보완
·	○○○○	○○	○○	○○	○○○○	
·	○○○○	○○	○○	○○	○○○○	
·	○○○○	○○	○○	○○	○○○○	
·	○○○○	○○	○○	○○	○○○○	
운영n년차	○○○○	○○	○○	○○	○○○○	수요예측실시
·	○○○○	○○	○○	○○	○○○○	이후 수요일정
·	○○○○	○○	○○	○○	○○○○	
·	○○○○	○○	○○	○○	○○○○	
·	○○○○	○○	○○	○○	○○○○	
·	○○○○	○○	○○	○○	○○○○	
·	○○○○	○○	○○	○○	○○○○	
·	○○○○	○○	○○	○○	○○○○	
·	○○○○	○○	○○	○○	○○○○	
·	○○○○	○○	○○	○○	○○○○	
50	○○○○	○○	○○	○○	○○○○	계산기간말

Without case

(만인/년)

운영개시연차	연도	노선1	노선2	……	전노선 수요량	비고
1	○○○○	○○	○○	○○	○○○○	수요예측실시
2	○○○○	○○	○○	○○	○○○○	
·	○○○○	○○	○○	○○	○○○○	
·	○○○○	○○	○○	○○	○○○○	
·	○○○○	○○	○○	○○	○○○○	
·	○○○○	○○	○○	○○	○○○○	수요안정기까지 선형회귀보완
·	○○○○	○○	○○	○○	○○○○	
·	○○○○	○○	○○	○○	○○○○	
·	○○○○	○○	○○	○○	○○○○	
·	○○○○	○○	○○	○○	○○○○	
운영n년차	○○○○	○○	○○	○○	○○○○	수요예측실시
·	○○○○	○○	○○	○○	○○○○	이후 수요일정
·	○○○○	○○	○○	○○	○○○○	
·	○○○○	○○	○○	○○	○○○○	
·	○○○○	○○	○○	○○	○○○○	
·	○○○○	○○	○○	○○	○○○○	
·	○○○○	○○	○○	○○	○○○○	
·	○○○○	○○	○○	○○	○○○○	
·	○○○○	○○	○○	○○	○○○○	
·	○○○○	○○	○○	○○	○○○○	
50	○○○○	○○	○○	○○	○○○○	계산기간말

| 표 1-6 | 사업실시의 경우 수요예측 실제산정 예

[With Case]

개통개시년	연도	노선1 (천인)	노선2 (천인)	…	노선5 (천인)	…	전노선수요량 (천인)	비고
개통개시 1	2006	805	253		110		1,728	수요예측실시
2	2007	806	258		111		1,748	
			~			~		선형보완
개통개시 5	2010	809	271		114		1,809	수요예측실시
			~			~		선형보완
19	2024	823	331		128		2,090	
개통개시 20	2025	945	335		129		2,111	수요예측실시
21	2026	945	335		129		2,111	이후일정
			~			~		
49	2054	945	335		129		2,111	
계산기간말 50	2055	945	335		129		2,111	

| 표 1-7 | 사업미실시 경우 수요예측 실제산정 예

【Without Case】

개통개시년	연도	노선1 (천인)	노선2 (천인)	…	노선5 (천인)	…	전노선수요량 (천인)	비고
개통개시 1	2006	805	134		0		1,154	수요예측실시
2	2007	805	137		0		1,159	
								선형보완
개통개시 5	2010	805	145		0		1,176	수요예측실시
								선형보완
19	2024	805	182		0		1,252	
개통개시 20	2025	805	185		0		1,258	수요예측실시
21	2026	805	185		0		1,258	이후일정
49	2054	805	185		0		1,258	
계산기간말 50	2055	805	185		0		1,258	

2. 편익의 산정

○ 이용자 편익의 산정: 수요예측의 결과를 토대로 소비자잉여분석 등에 의해 사업시설이용자의 비용경감, 시간단축 등의 편익을 산정한다.

○ 공급자 편익의 산정: 사업의 실시경우와 미실시 경우와의 시설설치 및 관리자의 유지관리비를 고려하여 순이익의 차를 산정한다.

| 표 1-8 | 이용자편익의 산정결과 정리 예

운영 개시 연도	연도	전OD수요량 전기관수요량 (천인)	전OD수요량 대상공항이용수요량 (천인)	전OD수요량 그외수요량 (천인)	이용자 편익 (백만원)
1	○○○○	○○○	○○	○○	○○○○
2	○○○○	○○○	○○	○○	○○○○
·	○○○○	○○○	○○	○○	○○○○
·	○○○○	○○○	○○	○○	○○○○
·	○○○○	○○○	○○	○○	○○○○
·	○○○○	○○○	○○	○○	○○○○
·	○○○○	○○○	○○	○○	○○○○
·	○○○○	○○○	○○	○○	○○○○
·	○○○○	○○○	○○	○○	○○○○
·	○○○○	○○○	○○	○○	○○○○
운영n 연차	○○○○	○○○	○○	○○	○○○○
·	○○○○	○○○	○○	○○	○○○○
·	○○○○	○○○	○○	○○	○○○○
·	○○○○	○○○	○○	○○	○○○○
·	○○○○	○○○	○○	○○	○○○○
·	○○○○	○○○	○○	○○	○○○○
·	○○○○	○○○	○○	○○	○○○○
·	○○○○	○○○	○○	○○	○○○○
·	○○○○	○○○	○○	○○	○○○○
·	○○○○	○○○	○○	○○	○○○○
50	○○○○	○○○	○○	○○	○○○○

| 표 1-9 | 이용자 편익의 실제 산정결과 예

개통 개시 연일	연도	전OD수요량 전기관수요량 (천인)	전OD수요량 A공항이용수요량 (천인)	전OD수요량 그외수요량 (천인)	이용자 편익 (백만원)	비고
개통개시 1	2006	2.822	1.728	1.094	6.557	수요예측실시
2	2007	2.854	1.748	1.106	6.637	
			~	~		선형보완
개통개시 5	2010	2.953	1.809	1.144	6.878	수요예측실시
			~	~		선형보완
19	2024	3.408	2.090	1.318	8.003	
개통개시 20	2025	3.441	2.111	1.330	8.084	수요예측실시
21	2026	3.441	2.111	1.330	8.084	이후일정
			~	~		
49	2054	3.441	2.111	1.330	8.084	
계산기간말 50	2055	3.441	2.111	1.330	8.084	

| 표 1-10 | 공급자편익의 산정결과 정리 예

							(백만원/년)
운영 개시 연도	연도	수입 a+b+c	공항이용료수입 a	지대수입 b	항공기연료세수입 c	지출 유지보수비 d	공급자편익 (a+b+c)- d
1	OOOO	OOOO	OOOO	OOOO	OOOO	OOOO	OOOO
2	OOOO	·	·	·	·	·	·
·	OOOO	·	·	·	·	·	·
·	OOOO	·	·	·	·	·	·
·	OOOO	·	·	·	·	·	·
·	OOOO	·	·	·	·	·	·
·	OOOO	·	·	·	·	·	·
·	OOOO	·	·	·	·	·	·
·	OOOO	·	·	·	·	·	·
·	OOOO	·	·	·	·	·	·
운영n 연차	OOOO	OOOO	OOOO	OOOO	OOOO	OOOO	OOOO
·	OOOO	·	·	·	·	·	·
·	OOOO	·	·	·	·	·	·
·	OOOO	·	·	·	·	·	·
·	OOOO	·	·	·	·	·	·
·	OOOO	·	·	·	·	·	·
·	OOOO	·	·	·	·	·	·
·	OOOO	·	·	·	·	·	·
·	OOOO	·	·	·	·	·	·
·	OOOO	·	·	·	·	·	·
·	OOOO	·	·	·	·	·	·
50	OOOO	OOOO	OOOO	OOOO	OOOO	OOOO	OOOO

| 표 1-11 | 공급자편익 실제 산정결과 예

개통 개시 연일	연도	수입 a+b+c+d	공항사용료 수입 a	지대등 수입 b	항공기연료세 수입 c	이전부지 매각액 d	지출 유지보수비 e	공급자 편익 (a+b+c+d	비고
개통개시 1	2006	657	332	2	323		202	455	수요예측실시
2	2007	1.065	336	2	327	400	202	1.263	
					∫		∫		선형보완
개통개시 5	2010	689	348	2	339		202	487	수요예측실시
					∫		∫		선형보완
19	2024								
개통개시 20	2025	803	404	3	396		202	600	수요예측실시
21	2026	811	408	3	400		202	608	이후일정
		811	408	3	400		202	608	
					∫		∫		
49	2054								
계산기간말 50	2055	811	408	3	400		202	608	

3. 비용의 산정

○ 대상사업에 관한 건설비 등 비용을 산정한다.

| 표 1-12 | 비용산정 작업상의 정리 예

(백만원/년)

운영개시연도	연도	건설비 a	토목공사비a1 ①-1	토목공사비a1 ①-2	건축공사비 a2 ②-1	건축공사비 a2 ②-2	그외시설비 a3 ③-1	그외시설비 a3 ③-2	기타비용 a4	부지조성비 a5	부지 b 부지취득비 b1	부지 b 보상비 b2	개량재투자비 c	비용합계 a+b+c	진존가치 상각자산	진존가치 부지
-2	OOOO	OOO	OO	OO	OO	OO	OO	OO	OO	OO	OO	OO	-	OOO	-	-
-1	OOOO	OOO	OO	OO	OO	OO	OO	OO	OO	OO	OO	OO	-	OOO	-	-
0	OOOO	OOO	OO	OO	OO	OO	OO	OO	OO	-	OO	-	-	OOO	-	-
1	OOOO	-	-	-	-	-	-	-	-	-	-	-	-	OOO	-	-
·	OOOO	-	-	-	-	-	-	-	-	-	-	-	-	OOO	-	-
·	OOOO	-	-	-	-	-	-	-	-	-	-	-	OO	OOO	-	-
·	OOOO	-	-	-	-	-	-	-	-	-	-	-	-	OOO	-	-
·	OOOO	-	-	-	-	-	-	-	-	-	-	-	-	OOO	-	-
·	OOOO	-	-	-	-	-	-	-	-	-	-	-	-	OOO	-	-
·	OOOO	-	-	-	-	-	-	-	-	-	-	-	-	OOO	-	-
·	OOOO	-	-	-	-	-	-	-	-	-	-	-	-	OOO	-	-
·	OOOO	-	-	-	-	-	-	-	-	-	-	-	-	OOO	-	-
49	OOOO	-	-	-	-	-	-	-	-	-	-	-	OO	OOO	-	-
50	OOOO	-	-	-	-	-	-	-	-	-	-	-	-	OOO	OO	OO

주1)잔존가치는 계산기간말 편익으로 계상

주2)①-1,②-1,③-1은 개량재투자비가 필요한 자산 및 시설투자비

| 표 1-13 | 비용산정 실제 산정결과 예

개통개시연일		연도	건설비	토목건설비 ①-1	토목건설비 ①-2	건축공사비 ②-1	건축공사비 ②-2	그외시설비 ③-1	그외시설비 ③-2	그외비용	부지조성비	부지비 부지취득비	개량재투자비	비용합계	잔존가치 상각자산	잔존가치 부지	비고
	-5	2000	330							120	210	830		1.160			건설개시
	-4	2001	3.620							480	3.140			3.620			
	-3	2002	3.180							290	2.890			3.180			
	-2	2003	6.040					24	96	290	5.630			6.040			
	-1	2004	7.890	93	837			76	304	330	6.250			7.890			
	0	2005	9.490	270	2.430	1.600	1.600	174	986	290	2.140			9.490			
개통개시	1	2006	3.350	180	1.620			114	646	140	650			3.350			개통개시
	2	2007															
개통개시	5	2010															
	19	2024															
개통개시	20	2025															
	21	2026															
		2044											931	931			
		2050											1.600	1.600			
	49	2054															
계산기간말	50	2055													2.750	830	

4. 잔존가치

○ 기업회계상에서 비(非)감가상각자산에 해당하는 용지, 감가상각자산에 해당되는 건설비 등에 대응하는 자산을 대상으로 산정하며 계산기간 말에 편익으로 계상한다.

5. 계산기간 내 현재가치 산정

○ 주어진 계산기간 내의 총편익과 총비용에 대해 사회적 할인율을 이용하여 현재가치화한다.

6. 평가지표의 산정

○ 현재가치화된 비용과 편익에 의해 순현재가치(Net Present Value), 비용편익비(Cost Benefit Ratio), EIRR(Economic Internal Rate of Return)를 산정하여 평가하도록 한다.

| 표 1-14 | 계산기간내 집계와 평가지표치 산출작업상 정리 예

(백만원/년)

운영개시연도	연도	사회적할인율에 의한 환산계수	이용자편익		공급자편익		편익총계	잔존가치	비용	
				할인후		할인후	(할인후)	(할인후)		할인후
-2	○○○○	○○○○	-	-	-	-	-		○○○○	○○○○
-1	○○○○	○○○○	-	-	-	-	-		○○○○	○○○○
0	○○○○	○○○○	-	-	-	-	-		○○○○	○○○○
1	○○○○	○○○○	○○○○	○○○○	○○○○	○○○○	○○○○		-	○○○○
2	○○○○	○○○○	○○○○	○○○○	○○○○	○○○○	○○○○		-	○○○○
·	○○○○	○○○○	○○○○	○○○○	○○○○	○○○○	○○○○		-	○○○○
·	○○○○	○○○○	○○○○	○○○○	○○○○	○○○○	○○○○		○○○○	○○○○
·	○○○○	○○○○	○○○○	○○○○	○○○○	○○○○	○○○○		-	○○○○
·	○○○○	○○○○	○○○○	○○○○	○○○○	○○○○	○○○○		-	○○○○
·	○○○○	○○○○	○○○○	○○○○	○○○○	○○○○	○○○○		-	○○○○
·	○○○○	○○○○	○○○○	○○○○	○○○○	○○○○	○○○○		-	○○○○
49	○○○○	○○○○	○○○○	○○○○	○○○○	○○○○	○○○○		○○○○	○○○○
50	○○○○	○○○○	○○○○	○○○○	○○○○	○○○○	○○○○	○○○	-	○○○○
합계				○○○○		○○○○	○○○○	○○○		○○○○

NPV(억원)	○○○
CBR	○. ○
EIRR	○○%

| 표 1-15 | 계산기간내 집계와 평가지표의 실제산정 예

개통개시연일	연도	사회적 할인율에의한 환산계수	이용자편익		공급자편익		편익합계	잔존가치	비용		비고
				(할인후)		(할인후)	(할인후)	(할인후)		(할인후)	
건설개시	2000	0.962	–	–	–	–	–		1.160	1.115	건설개시
		·	–	–	–	–	–		·	·	
	2005	0.790	–	–	–	–	–		9.490	7.500	
개통개시 1	2006	0.760	6.557	4.983	455	346	5.328		3.350	2.546	수요예측실시
2	2007	0.731	6.637	4.850	863	630	5.480				
					~				~		선형보완
개통개시 5	2010	0.650	6.878	4.468	487	316	4.785				수요예측실시
					~				~		선형보완
19	2024	0.375	8.003	3.002	601	225	3.228				
개통개시 20	2025	0.361	8.084	2.916	609	220	3.135				수요예측실시
21	2026	0.347	8.084	2.804	609	211	3.015				이후일정
					~				~		
49	2054	0.116	8.084	935	609	70	1.005				
계산기간말 50	2055	0.111	8.084	899	609	68	967	398			
	합계			127.931		9.688	137.619	398		30.066	
									NPV	107.951	
									CBR	4.6	
									EIRR	17.0	

VI. 비용편익분석의 기본전제

1. 개 요

○ 일반적으로 공공투자사업의 경제성을 가장 객관적으로 분석하는 평가방법은 비용편익 분석이다. 이는 국가 총량 경제적 측면에서 해당 사업에 투입되는 모든 비용의 합과 해당 사업으로 인하여 발생할 모든 편익의 합을 비교하는 것이다. 이 방법은 비용과 편익의 항목을 쉽게 판별할 수 있는 경우에는 가장 객관적인 방법이기는 하나, 다음과 같은 몇 가지 문제점을 안고 있다.

첫째, 모든 비용과 편익은 계량화하고 화폐가치화하여야 하나 현실적으로 상당 부문의 효과는 계량화하기 힘들고, 계량화가 가능하다 하더라도 화폐가치화가 힘들다. 결국 이와 같은 효과는 분석에서 제외되므로 평가의 정확성을 기할 수 없다.

둘째, 공공투자사업은 사기업과 달리 다목적 사업이다. 즉 투자에 대한 최대 편익뿐만 아니라 소득재분배, 시장안정 등 고려해야 할 측면이 많다. 다시 말하면 공공투자에서 발생한 편익이 누구에게 돌아가야 하느냐에 대해서는 전혀 평가하지 않으므로 공공사업의 평가로서는 문제점을 안고 있다.

셋째, 할인율의 결정에 따라 분석결과가 달라질 수도 있다. 할인율은 비용편익분석에서 중요한 평가기준이나 자본의 기회비용을 적절히 반영하도록 하는 데 약간의 문제가 있다.

○ 그러나 이상과 같은 문제점에도 불구하고 비용편익분석은 가장 객관적이며 명료하게 정책판단의 근거를 제시하고 있기 때문에 일반적으로 많은 공공사업의 평가에 이용되고 있다.

2. 비용편익(B/C) 분석시 고려하여야 할 사항

(1) 기본사항

1) 투자사업비의 범위

○ 초기건설사업비, 연차별 운영비, 유지관리보수비, 지원보조금, 기타사업비에 관련된 직접비 및 간접비

예) 측량 설계비, 공사 감독비, 용지매수 및 보상비와 부대비, 간접비, 미래발생 가능경비

○ 최초건설비, 사업비 외에 매년 지출되는 연간 유지관리비 등 간접비: 일체를 모두 최초 건설사업비에 포함시켜 계산한다.

2) 편익(수익) 측정항목

○ 각 분야별로 정확한 행정수요 및 주민수혜도 측정에 의한다.

○ 사업시행 전후의 각종 비용절감액을 수익에 포함한다.

○ 직접수익과 간접수익
○ 유형효과와 무형효과(계량화 불가능시 내용서술)

3) 유효한 내구연한의 추정

〈정 의〉
○ 시설물이 노후화되어 목적한 기능을 수행하지 못할 기간
○ 능률적인 시설・장비의 출현으로 자체로서는 노후화되지 않았더라도 구식화・진부(陳腐)화되어 경제성이 없어지는 기간

〈검 토〉
○ 내구연한 이전에 폐기될 가능성
○ 폐기시 잔존가치: 수익으로 계상
○ 폐기비용, 필수적인 대체시설: 사업비로 계상

4) 비용, 편익 산출의 기본전제

○ 각종세금, 지불이자는 비용에서 제외하되 보조금은 비용으로 취급한다.

5) 미래의 불확실성 및 민감도(감응도) 분석

○ 사업수행기간 동안 사업목표가 변할 때의 대체
○ 사업기간 동안 외부여건이 변할 경우의 검토
— 사업의 투입물과 산출물의 가격요인이 변한 경우
— 사업량(또는 단위수량)이 변할 경우
— 공사단위가 변동할 경우
— 공사기간이 변동할 경우(연장, 단축)
— 각종 예측의 근거가 타당한가 검토

6) 적정 할인율의 결정

○ 사업의 특성에 따른 요인을 감안하여 자본의 사회적 비용을

반영한다.

① 할인의 개념

○ 사업의 타당성을 결정하기 위해서는 산출된 편익과 비용을 비교하여야 한다. 이때 문제점은 편익과 비용이 동시에 발생하지 않고 비용은 사업초기에, 편익은 후기에 장기간에 걸쳐 발생하므로 매년도의 비용과 편익을 각각 그대로 합하여 비교할 경우 시간이라는 요소를 무시하게 되는 문제가 발생한다.

○ 예를 들면, 금년도에 투자한 비용(투자비)은 5년 후에 발생한 동일투자비에 비하여 더 높은 경제적 가치를 가진다. 마찬가지로 금년도에 발생한 편익은 수년 후에 발생하는 같은 양의 편익보다 더 높은 가치를 가진다. 금년에 100억원을 쓰는 것은 지금부터 1년 후에 100억원을 쓰는 것보다 가치가 높다. 즉 금년 100억원의 투자비는 1년 후에 115억원의 투자비(이자율이 15%일 때)의 가치를 가진다.

○ 이것은 미래의 비용과 편익의 흐름을 하나의 적절한 이자율을 통하여 할인함으로써 가능하게 되며 할인과정을 복리이자의 개념을 이용한 것으로 미래의 비용이나 편익의 현재가치는 할인계수(Discount Factor)를 사용하여 구하는데, 할인계수는 현재의 화폐가 미래의 화폐보다 더 가치 있다는 사실에 입각하여 미래의 비용이나 편익의 가치를 삭감하는 과정으로 표시한다.

○ 일단 할인계수를 알게 되면 이 할인계수를 알려진 미래의 비용이나 편익의 화폐가치에 곱하면 현재가치가 된다. 어떤 할인율 즉, 미래의 비용이나 편익의 가치를 삭감하는 비율이 주어지면, 할인계수는 미래의 비용이나 편익을 할인해야 하는 연수를 알면 구할 수 있다.

할인계수(DF)를 구하는 공식은 다음과 같다.

$$DF = \frac{1}{(1+i)^n}$$

i : 할인율
n : 비용이나 편익이 할인되어야 하는 연수

② 할 인 율

○ 할인율은 현재재와 장래재 간의 교환비율로, 미래의 편익과 비용을 현재가치로 할인하여야 하는데, 이때 적용되는 이자율이 할인율(Discount rate)이다. 이러한 할인율이 너무 높으면 순편익의 현재가치(NPV)가 작아지므로 사회적으로 필요한 사업이 부적정 판정을 받을 수 있고, 할인율이 너무 낮으면 불필요한 사업이 타당성 있는 사업으로 평가될 수 있다. 따라서 높은 할인율은 편익이 단기간에 걸쳐 집약적으로 발생하는 단기 투자에 유리하고, 낮은 할인율은 장기간에 걸쳐 편익이 발생하는 장기 투자에 유리하다.

③ 할인율의 종류

i) 사적 할인율

○ 민간부분에서 돈을 빌릴 때 내는 적정이자율을 근거로 해서 할인율을 선택하는 것이다. 사적 할인율을 사용하자는 주장은 공공투자가 민간 부문의 투자재원을 세금으로 흡수해서 이루어진 것임을 강조한다. 그래서 사적 할인율은 그 투자재원이 민간에 그대로 남아 있었다고 했을 때 얻을 수 있을 것으로 기대되는 편익을 측정한다.

ii) 기업할인율

○ 개인기업이 투자사업의 수익성을 평가할 때 사용되는 이자율로 이는 위험도 및 제세공과금을 감안한 수준으로 결정된다. 예를 들어 기업이 당기 순이익의 50%를 법인세로 지불해야

하는 경우는 세금공제전 수익은 세금공제후 수익의 2배가 되어야만 개인기업이 기대하는 수익을 회수할 수 있다(1,000만원을 투자하여 100만원의 수익을 얻고자 하는 경우에 법인세 100만원을 지불해야 하므로 총수익은 200만원이 되어야 한다).

iii) 정부차입이자율(정부할인율)

○ 정부가 민간 부문에서 투자사업자금의 일부 또는 전부를 차입하려 할 때 지불해야 하는 이자율을 말한다. 이 이자율은 정부가 주도하는 투자사업의 경제성 평가에 큰 의미를 가지게 되는데, 예를 들어 현재는 민간 부문에서 10%의 이자율로도 정부에 자금을 대여해 줄 수 있으나 미래에는 그 대여이자율이 10% 이상일 것이라면 정부투자사업은 최소한 10% 이상의 회수율을 보여야 할 것이다.

iv) 사회적 할인율

○ 사회전체의 소비행태에 대한 사회전체의 선호도를 나타내는 개념으로, 사회적 소비행태는 개인별 소비행태를 종합하여 경제전체의 효율을 극대화할 수 있는 가장 합리적인 소비형태를 나타내는 것으로 현재의 소비를 미래로 연기할 때 사회전체가 보상받아야 하는 이자율을 사회적 할인율이라 한다.

○ 경제성분석을 위하여 어떠한 할인율을 적용할 것인가에 대하여는 많은 이견이 있으나, 공공성이 크게 대두되는 투자사업의 경우는 사회적 할인율을 적용하는 것이 이론상으로 타당하다. 그 이유는 공공투자사업일 경우는 사회구성원 전체의 의사를 반영하는 것이 필수적이기 때문이다.

○ 그러나 이와 같은 사회적 할인율을 정확히 추정하는 것은 거의 불가능하며, 외국의 경우에도 정확히 추정하여 사용하는 경우는 거의 없다고 할 수 있다. 대부분의 국가에서 투자사업의

특성에 따른 할인율을 정부가 개략적인 방법으로 추정하여 제시하고 있는데, 선진국의 경우는 보통 4~6% 수준이 제시되고 있으며, 개발도상국의 경우는 8~10% 수준이거나 10%가 훨씬 넘어서는 국가도 많다.

3. 투자사업의 채택여부 판단기준

○ 비용편익분석을 이용하여 투자사업을 평가할 때 대안이 하나일 경우는 NPV가 영(0)보다 크고 B/C Ratio가 1보다 커야 하며 IRR은 최저 기대수익률보다는 높아야 그 대안이 채택될 수 있다.

○ 대안이 복수일 때는 NPV, B/C Ratio, IRR의 값이 큰 순서대로 채택된다. 여기서 주의할 점은 여러 개의 대안 중에서 각 대안의 NPV, B/C Ratio, IRR의 값에 일관성이 없을 경우 과연 어느 대안을 채택할 것인가 하는 문제이다.

○ 예를 들면 A, B 2개의 대안이 있을 때 NPV는 대안 A가 유리하고 B/C Ratio, IRR은 대안 B가 유리할 경우 반드시 대안 B가 A보다 낫다고 할 수 있겠는가 하는 문제이다. 물론 이러한 경우 민감도 분석을 통하여 고정되었다고 가정한 변수, 예를 들면, 할인율 · 투자비용 · 사업집행기간 등을 변화시켜 봄으로써 그것이 분석결과에 어떠한 영향을 미치는가를 관찰하는 것이 올바른 대안선택에 도움을 준다. 따라서 대안별 편익 측정치의 결과에 일관성이 없을 경우에는 투자재원의 규모, 계량화할 수 없는 편익의 크기, 사업으로 인한 역효과 등을 고려하여 대안을 채택하는 것이 바람직하다.

| 표 1-16 | 투자사업의 채택여부 판단기준

구분		NPV	B/C Ratio	IRR
계산방법		순현재가치=편익의 현재가치−비용의 현재가치	편익비용비=편익의 현재가치/비용의 현재가치	내부수익률=비용의 현재가치가 편익의 현재가치와 같게 하는 할인율
판단기준	단일대안	NPV ≥ 0	B/C Ratio ≥ 1	IRR ≥ 최저 기대수익률(또는 사회적 할인율)
	복수대안	NPV가 큰 순서대로	B/C Ratio가 큰 순서대로	IRR이 높은 순서대로
장점		사업효과(순편익)의 규모를 알 수 있다.	사업의 규모에 관계없이 대안 간에 비교평가를 할 수 있다.	할인율을 알지 못하는 경우에 이용할 수 있다.
단점		−할인율을 반드시 알아야 한다. −대규모 사업이 소규모 사업보다 유리하다	−할인율을 반드시 알아야 한다. −사업효과의 절대적인 규모를 고려하지 못한다.	−사업효과의 절대적 규모를 고려하지 못한다.

▶ 실습과제 및 예제

Q1: 귀 기관의 공공투자사업 평가를 위한 종합적 체계적 평가방법정립을 위한 평가항목을 설정하고 이를 체계화하시오.

Q2: 귀 기관의 공공투자사업의 투융자 심사 및 신청사업에 있어 향후 중점 고려해야 할 사항 및 요소는 무엇인가. 현재의 문제점이 있다면?

실습예제 1: 다음과 같이 투자비와 운영비가 주어졌다면 두 가지 사업대안 중 어느 대안이 더 바람직한가? 할인율(i)은 5%이다.

| 표 1-17 | 두 가지 사업대안의 투자비와 운영비 (단위: 억원)

연 도	대 안 A	대 안 B
투자비	50	30
운영비1	5	7.5
운영비2	5	7.5
운영비3	5	7.5
운영비4	5	7.5
운영비5	5	7.5
운영비6	5	7.5
운영비7	5	7.5
운영비8	5	7.5
운영비9	5	7.5
운영비10	5	7.5

| 표 1-18 | 산정결과

	구분	A 사업	B 사업	A 사업	B 사업
	투자비	50	30	50.0	30.0
연차	1	5	7.5	4.76	7.14
	2	5	7.5	4.54	6.80
	3	5	7.5	4.32	6.48
	4	5	7.5	4.11	6.17
	5	5	7.5	3.92	5.88
	6	5	7.5	3.73	5.60
	7	5	7.5	3.55	5.33
	8	5	7.5	3.38	5.08
	9	5	7.5	3.22	4.83
	10	5	7.5	3.07	4.60
			계	88.61	87.91
			할인율	5%	

실습예제 2: 비용이 다음과 같은 사업 A, B가 있다. 어느 대안이 바람직한가? 할인율(i)은 7%이다.

| 표 1-19 | 프로젝트 비용 (단위: 백만원)

프로젝트	A	B
최초비용	4,000	16,000
연도별 비용	6,400	1,400
내구연한	6년	3년

| 표 1-20 | 산정결과

					할인율	7%
구분	연도	A	B	할인계수	A사업 현재가치화	B사업 현재가치화
최초비용	0	4,000	16,000	1.00000	4,000	16,000
연도별비용	1	6,400	1,400	0.93458	5,981	1,308
	2	6,400	1,400	0.87344	5,590	1,223
	3	6,400	17,400	0.81630	5,224	14,204
	4	6,400	1,400	0.76200	4,003	1,000
	5	6,400	1,400	0.71299	4,563	998
	6	6,400	1,400	0.66634	4,265	933
				계	34,506	35,734

제2장 비용편익분석의 기초와 편익산정

▶ 강의개요

- 실질적인 비용편익분석을 위한 기초적 방법론을 습득하도록 한다. 편익분석방법론 가운데 가장 기본적이며 일반적 측정방법인 소비자 잉여에 의한 분석법을 중심으로 습득하도록 한다.
- CVM에 의한 비용편익분석법을 습득하도록 한다.
- 편익분석 및 측정을 위한 관련변수(일반화비용, 시간가치, 계산기간, 사회적 할인율 등) 및 기본전제에 관한 내용을 습득하도록 한다.

▶ 학습목표

- 편익산정법
- 소비자잉여 분식법
- CVM에 의한 편익산정
- 비용편익분석을 위한 기본전제

| 그림 2-1 | 개인효과와 편익의 개념

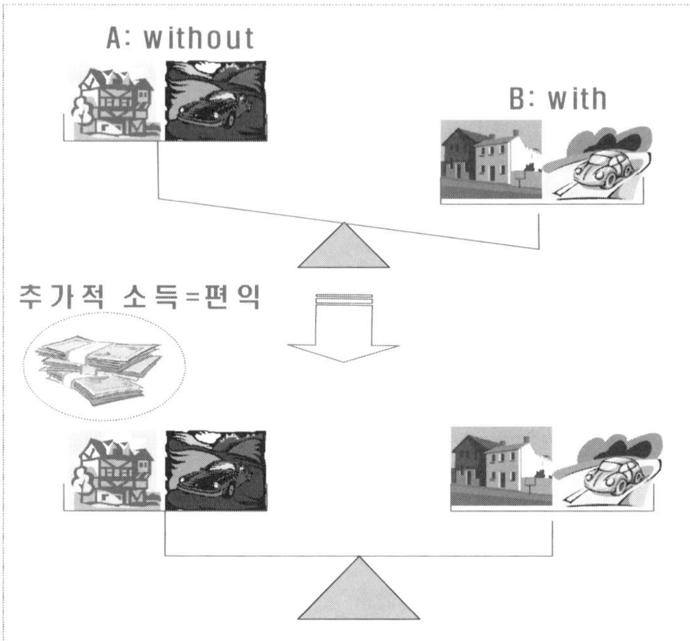

I. 소비자잉여 접근법

☐ 한계효용체감법칙에 의한 소비자잉여 발생 → 효용발생
☐ 개별사업에 의한 편익의 발생 설명
☐ 편익 산정식(Short Cut 방식) 설명

1. 소비자잉여(consumer's surplus)와 편익의 정의

○ 인간의 선택행동 모형에 따르면 어떤 비용을 부담하여 서비스를 이용하거나 재화를 소비한 사람은, 이용과 소비에서 얻는 효용 및 만족이 부담한 비용을 상회한다고 간주하여 소비, 이용한다.
○ 편익산정의 전통적 방법은 소비자잉여를 주로 이용하고 있다. 마셜에 의해 체계화된 방법론으로 재화시장의 데이터에 의해 효과가 산정 가능하다.

(1) 마셜의 소비자잉여란

— 소비자가 그 재화구입을 위해 지불하여도 좋다고 생각하는 최고지불 허용액(Willingness To Pay)의 합에서
— 실제 그 재화의 구입을 위해 지불한 금액의 합을 제한 것이다.

○ 수요곡선을 종축으로 읽으면 재화 1개째의 소비자는 이 재화를 손에 넣기 위해 최고 OA원만큼 지불해도 좋다고 생각하는 것을 알 수 있다.
○ 마찬가지로 Q^B째를 구입하는 소비자는 최고 P^B원까지라면 이 재화에 대해 지불해도 좋다고 생각하고 있다.
○ 이와 같이 최고지불 허용액은 수요곡선의 높이에 상응한다. 이러한 의미에서 수요곡선은 '한계평가곡선'이라고도 불리어진다.

| 그림 2-2 | 소비자잉여와 투자편익의 정의

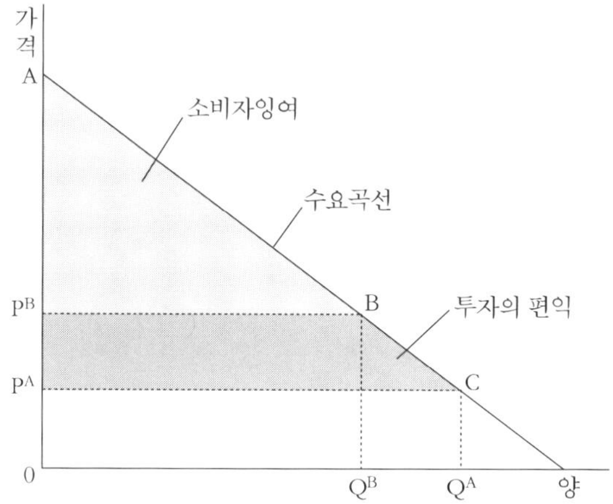

○ 그림에서 이를 나타내면 가격이 P^B원일 때의 소비자잉여는 삼각형 ABP^B의 면적으로 표시된다.

(2) 이용가치(Use Value)

소비자잉여에 의한 편익의 평가는 다음의 시설과 사업들에 의해 설명이 가능하다.

○ 사업실시에 따른 재화・서비스개선의 편익, 즉 이용가치(use value)의 편익을 토대로 산정한다.

○ 하나의 도시 및 지역에 있어서 주민이 쾌적한 생활을 영위하기 위해서는 다종다양한 기능을 가진 사회기반 및 자본시설들이 필요하다.

○ 일상생활에 있어서는 공원・녹지 등의 공공용지나 학교・도서관 등의 교육・문화시설, 소방・경찰・구청 등의 관공서시설, 병원・보육원 등 의료・사회복지시설, 상업기능, 업무기능 등 서비스시설이 필요하다.

○ 또한 지역간에 있어서 이용하는 시설로서 예를 들면 대규모

레저시설, 국제공항 · 항만시설, 고도연구시설 등도 중요하다.

○ 도로나 철도, 공항 등의 정비는 국토 공간, 도시 공간에 분산해 있는 이러한 다양한 서비스기능 · 시설로의 접근(Access)을 개선함으로써 종래 불편하고 이용할 수 없었던 새로운 사회기반시설을 이용할 기회를 생성시키거나 또는 이용하는 기회를 증대시키게 되고, 이에 의해 국민의 전반적 생활수준이 향상된다.

○ 이 결과 도시 및 지역의 주거환경이 종합적으로 향상됨과 더불어 도시개발 및 사회기반정비에 의한 편익은 자연적으로 발생하게 된다. 사회기반 및 자본시설에 대한 서비스기능의 편익은 대부분이 이러한 시설의 실제 이용을 통해 발생하는 이용가치(use value)에 해당한다.

(3) 소비자잉여의 확대적용

○ 사회기반시설의 편익산정에 기본적인 소비자잉여(consumer's surplus)에 의한 분석 · 평가가 가능하며 이는 다음 그림에 의해 설명이 가능하다.

— 그림에서 종축의 가격은 어느 도시시설을 이용하기 위해 필요한 1회 이용시의 비용이다.

※ 비용에는 예를 들면 거주지에서 어느 도시시설까지 이동하는 데 소요되는 가솔린 비용, 차량 마모비, 유료도로 요금, 시간비용, 해당시설의 입장료 등을 포함하고 있다 (후술하는 일반화비용).

— 횡축의 수요는 어느 한 단위 기간당 방문율 · 이용률(예를 들면, 1주간당 방문횟수)을 가리킨다.

— 그림에서 어느 한 교통시설의 정비에 의해 종합적 시설이용가격이 P_B에서 P_A로 저하되었을 때

— 소비자가 도시시설에서 얻을 수 있는 편익은 사다리꼴

| 그림 2-3 | 도시시설 등 이용가치의 편익

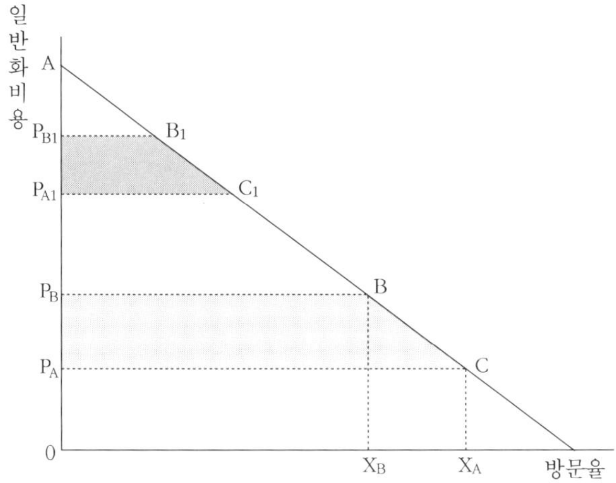

P_BBCP_A로 표시된다(시설정비 전을 첨자 B: before, 정비 후를 첨자 A: after).

○ 이 경우 수요는 하나의 도시시설에 대한 수요이기 때문에 동일의 교통시설 정비이더라도 거주지가 다른 소비자는 각각 다른 크기의 소비자잉여를 얻게 된다.

※ 예를 들면 철도를 이용하는 보다 먼 거리에 사는 거주자는 소비자의 철도시설 정비전의 가격이 P_{B1}일 때 정비 후는 P_{A1}으로 감소한다.

⇒ 단 $P_{B1} - P_{A1} = P_B - P_A$이다.

⇒ 이 소비자의 편익은 $P_{B1}B_1C_1P_{A1}$이고 전자의 편익보다 적다.

※ 거주지 i에 사는 소비자가 어느 장소에 위치하고 있는 도시시설을 이용하기 위한 비용이 칠도시실정비에 의해 감소되었을 때

⇒ 소비자잉여 증가분을 Si 라고 하면

⇒ 이 철도정비에 따른 위 도시시설에 관한 편익은 철도를 이용하는 모든 소비자잉여의 합 ∑Si 인 것이다.

2. 이용자편익의 산정방법

| 그림 2-4 | 소비자잉여와 투자편익산정

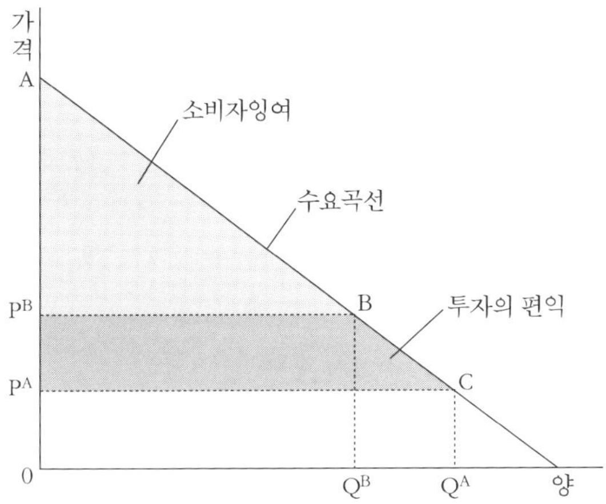

○ 어떤 재화의 소비, 시설이용에 있어,

⇒ 균형가격이 P^B원일 때

— 최고지불 허용액의 합은 그림에서 사다리꼴 $OABQ^B$의 면적이다.

— 한편 1개째 재화의 소비자나 Q^B째의 소비자도 실제로 지불하는 금액은 P^B원으로 지불 총액은 OP^BBQ^B의 면적으로 표시된다.

— 따라서 소비자잉여는 삼각형 ABP^B의 면적으로 된다.

※ 여기서 이 재화를 교통서비스라고 생각하자.

◎ 일반화비용(generalized cost)

○ 교통투자의 편익산정에 있어서는 금전적인 비용 외에 시간비용과 피로 등 비금전적인 비용도 중요하다.

○ 따라서 종축은 단순한 가격이 아닌 이러한 모든 비용을 합한 가격, 즉 "일반화비용(generalized cost)"을 취하고 있다.

○ 이것은 예를 들면 1km당 가솔린대, 차량마모비, 시간비용, 유료도로 요금 등의 합계에 해당한다.

○ 새로운 교통투자사업에 의해 일반화비용(가격)이 P^B원에서 P^A원까지 하락하였다고 하자.

— 일반화비용 P^A원하에서의 소비자잉여는 삼각형 ACP^A의 면적이다.

— 교통투자에 의해 발생하는 순편익은 이 소비자잉여의 증가분으로 사다리꼴 P^BBCP^A로 표시된다. 이와 같이 투자의 편익은 소비자잉여의 증가분으로 산정한다.

○ 실제의 편익산정에 있어서는

— 투자를 실시한 경우(with)와

— 투자를 실시하지 않은 경우(without)에 관한

— 일반화비용을 예측·산정하고, 이를 그림의 P^B와 P^A로 표시한다.

— 더욱이 각각의 케이스에 관한 수요를 예측하고 이를 Q^B와 Q^A로 일반적으로 수요곡선이 직선인 것을 상정하여 사다리꼴 P^BBCP^A의 면적으로,

○ 즉 공공투자사업에 의해 발생한 편익은 이 소비자 잉여의 증가분에 의해 산정한다.

○ 실제의 편익평가에 있어서 각각의 계산점을 정리, 식으로 나타내면 다음과 같다.

구 분	일반화비용	수 요 량
without	P^B	Q^B
with	P^A	Q^A

$$B = 1 / 2(P^B - P^A)(Q^A + Q^B) \quad [식\ 2\text{-}1]$$

II. 편익분석을 위한 관련변수 산정법

1. 일반화비용 산정

○ 일반화비용의 일반적 산정식(예: 도로 및 교통사업의 경우)

○ GC = F + (T1 + T2 + T3 …) V [식 2-2]

F : 서비스 이용을 위한 운임, 요금

T1: 도보시간

T2: 기다리는 시간

T3: 승차시간

V : 시간가치

(1) 일반화비용의 실제산정 예시

1) 사업실시의 경우(with case)

① 서비스수준(Level of service) 산정

	소요시간 (분)	비 용 (원)
항공기	200	18,000
철 도	290	16,000
승용차	500	12,000

② 시간가치: 8,500원/시간

$GC^{wi}=[(200/60)\times8500+18000)+(290/60)\times8500+16000)+(500/60)\times8500+12000)]$

$=186,250$원

2) 사업 미실시의 경우(without case)

① 서비스수준(Level of service) 산정

	소요시간 (분)	비 용 (원)
항공기	230	18,000
철 도	290	16,000
승용차	500	12,000

② 시간가치: 8,500원/시간

$GC^{wo}=[(230/60)\times8500+18000)+(290/60)\times8500+16000)+(500/60)\times8500+12000)]$

$=190,500$원

(2) 편익의 실제산정

1) 사업실시 경우의 수요(with 수요)

	수 요 (인/일)
항공기	832,000
철 도	680,000
승용차	380,000
총수요	1,892,000

2) 사업미실시 경우의 수요(without 수요)

	수 요 (인/일)
항공기	365,000
철 도	1,093,000
승용차	280,000
총수요	1,738,000

3) 편익의 산정(소비자잉여 분석법에 의한)

B=1/2(1,738,000+1,892,000)×(190,500 − 186,250)

=7,713,750천원(일)

2. 시간가치 산정

○ 소득접근법(income approach methods)에 의한 산정방법

○ 시간가치=월(연)평균수입/[월(연)평균노동시간×소비자물가지수] ×100 [식 2-3]

○ t년 시간가치(1995년 가격)=α×(t년의 일인당 실질GDP)+β [식 2-4]

α=4798.36(t=2.4), β=0.0013(t=5.6), R=0.943

| 표 2-1 | 매년 근로통계조사에 기초한 평균시간가치와 그 추정

연 도	1인당실질GDP (원 / 인)	시간평가치 (원 / 시간)	비 고
1998	8,678,810	7,163	실적치
1999	9,180,361	7,289	예측치
2000	9,827,526	8,141	예측치
2005	13,896,391	13,499	예측치
2010	19,815,556	21,292	예측치
2011	21,296,749	23,242	예측치

주: 10인 이상 사업체 근로자의 연수입과 노동시간을 기준

| 표 2-2 | 매월 근로통계조사에 기초한 시간평가치(일본 2000년)

구 분	전 국	수도권	지방광역
시간평가치 (엔/시간)	2,358	3,102	2,610

주: 5인 이상의 소규모 사업 상용근로자 1인평균 월급여 총액과 월 실질 총노동시간을 토대로 작성

3. 평가기준연도와 계산기간

○ 평가기준연도와 계산기간을 정하는 의의
— 인간의 능력은 한정되어 있으나 사회간접자본의 서비스 공급력(Service Life)은 무한하다.
— 인간의 한정된 능력에 의해 가능한 한 합리적이고 객관적인 기준에 의한 효과 평가를 위해 '하나의 기준'을 설정한다.

(1) 평가기준연도란

○ 장기적으로 미래에 발생하게 될 효용 및 편익을 현재시점에서 평가하기 위해 기준연도 가치로 전환하기 위한 하나의 기준점이다.
○ 현재가치화 기준연도는 평가대상사업이 "채택된 연도" 또는 "건설개시년도 前년도"로 설정한다.

(2) 계산기간

— 평가에 있어 사업의 "경제적 수명(Project Life)" 내에서 발생하는 모든 편익과 비용을 고려하도록 한다.
— 그러나 경제적 수명의 명확한 설정이 어려운 점이 있다.
— 또한, 미래 장기간에 있어 '정확한 수요량'의 예측이 어려

운 점도 있다.

⇒ 계획사업의 평가를 위해 한정된 평가기간의 설정이 현실적이다.

⇒ 계산기간 설정은 투자 및 사업의 특성과 성격에 따라 설정하는 것이 바람직하다.

○ 일반적 계산기간의 산정

— 하나의 재화를 구성하는 다수의 고정자산에 의한 평균내구연수(Durable Years)에 의해 검토

— 고정자산의 투자액에 대해 해당 내구연수의 가중치를 고려한 가중평균

$$M = \frac{\sum(I_i \times d_i)}{\sum I_i}$$

I_i: 사업 i의 투자액

d_i: 사업 i에 대한 자산내구연수

○ 위 수식에 의거, 도로, 항만과 공항이라는 사회적 자본의 평균내구연수를 산정해보자. 각각의 재화를 구성하는 개괄적인 자산을 토대로 산정한 결과로서 도로, 항만, 공항시설은 각각 몇 년씩의 평균내구연수로 추정되고 있는가?

| 표 2-3 | 도로시설의 평균내구연수 산정 예

자 산	내구연수	투입액 (백만원)
도로개량	60	5,240,542
교량정비	48	617,161
포장신설	10	393,763
평균내구연수	?	

해답: 55.7년으로 산정됨.

| 표 2-4 | 항만시설의 평균내구연수 산정 예

자 산	내구연수	투입액 (백만원)
운반기계	4	22,565
철강선박	14	2,148
비주택건축	45	8,672
공공사업	50	778,032
평균내구연수	?	

해답: 48.7년으로 산정됨.

| 표 2-5 | 공항시설의 평균내구연수 산정 예

자 산	내구연수	투입액 (백만원)
건 물	45	1,332
활주로	15	9,269
기 계	9	2,721
평균내구연수	?	

해답: 16.8년으로 산정됨.

4. 사회적 할인율(Social Discount Rate)

○ 공공투자사업에 의한 사회자본은 그 편익이 장기간에 걸쳐 발생하게 된다. 이를 어떻게 평가할 것인가?

예) 현재의 1만원과 장래, 예를 들면 향후 5년 또는 10년 후의 1만원 중 어느 쪽을 선택할 것인가?

⇒ 합리적으로 행동한다면 장래에 얻을 수 있는 편익은 현재의 동일한 편익보다 가치가 작다는 것을 인지할 것이며 현재시점에서 얻을 수 있는 방법을 선택

○ 개인의 장래에 대한 이와 같은 태도는 '시간 선호율'이라고

하는 '할인율(discount rate)'로 표현한다.

⇒ 사회에 있어서도 동일하게 적용하고, 편익(benefit)뿐만 아니라 비용(cost)도 동일하게 적용한다.

○ 장래의 편익과 비용을 현재의 가치로 평가하기 위해 현재가치로 할인하는 비율이 있다.

⇒ 이때 할인하는 비율을 '사회적 할인율(Social discount rate)'이라 한다.

⇒ 현재 손에 넣을 수 있는 재화와 동일하지만 장래에 손에 넣을 수 있게 되는 재화인 '현재재화'와 '장래재화'와의 '교환비율'을 뜻한다.

○ '공공사업의 평가'에 있어서는

⇒ '장래연도 및 각각의 시점에서 발생할 수 있는 서비스 효용'을 '현재시점'에서의 평가를 위해 '현재가치로 환산하기 위한 교환비율'

⇒ 미래 해당연도의 각각의 가치를 현재의 가치로 환산할 때 할인하는 비율을 의미한다.

※ 이를 수식으로 표현하면

$1 : (1+i)$

$1 : (1+i)^2$

$1 : (1+i)^3$ …… 로 표시된다.

즉,

○ 미래의 가치 = 현재가치 × (1 + 사회적 할인율)^{연도} [식 2-5]

○ 할인계수 = $1 / (1+i)^n$ [식 2-6]

I : 사회적 할인율

n : 연수

○ 예를 들어 사회적 할인율을 4%로 할 경우

| 표 2-6 | 사회적 할인율의 적용 예

재화가치	연 수	할인계수	환산치
100	1	$1/(1+0.04)^{1}$	96.15
100	2	$1/(1+0.04)^{2}$	92.45
100	3	$1/(1+0.04)^{3}$	88.90
·	·	·	·
·	·	·	·
100	30	$1/(1+0.04)^{30}$	30.85

○ 일본은 각종 공공투자사업에 대한 사회적 할인율의 설정에 있어서 공적 자금의 금리(국채)동향을 감안하여 4%로 설정, 적용한 예가 있다.

| 표 2-7 | 일본의 공적자금 금리동향

	평균국채금리(명목)	평균국채금리(실질)
1991년-1995년	4.09%	3.91%
1986년-1995년	4.78%	3.85%

○ 우리나라 사회적 할인율을 '은행·비은행의 수신 및 대출에 있어서의 가중평균금리'를 기초로 검토한 결과 연평균 10.9%(실질적으로 11% 적용)의 금리동향을 검토할 수 있었다.

| 표 2-8 | 한국의 금리동향

연 도	1997	1998	1999	2000
수신평균금리	13.9	8.5	7.2	7.2
대출평균금리	16.3	13.0	10.5	10.5

자료: 은행 및 비은행금융기관 가중평균금리동향(한국은행 경제통계국)

○ 참고로 해외 각국에서 사용되고 있는 사회적 할인율을 검토하면, 각국은 다양한 할인율을 취하고 있다.

① 독일은 3%라고 하는 가장 낮은 수치

② 인도네시아는 가장 높은 12%를 취하고 있다.

※ 사회적 할인율이 높다고 하는 것은 시간선호율이 높은 것을 나타내지만 이는 앞으로의 경제에 대한 불확실성이 높은 것을 의미한다.

⇒ 경제성장이 활발한 발전도상국에 있어서는 높은 비율을 취하고 있고 미래의 가치를 낮게 평가하는 경향이 있다.

※ 사회적 할인율은 경제성장이라고 하는 관점뿐만 아니라 이자율 등도 고려한다.

⇒ 경제성장이 안정기에 있는 선진국에 있어서도 이자율 등의 고려에 의해 영국과 프랑스는 8%라고 하는 비교적 높은 비율을 취하고 있다.

| 표 2-9 | 외국의 사회적 할인율 적용례

국가명	독일	영국	프랑스	미국	인도네시아
사회적 할인율	3%	8%	8%	7%	12%

[예제] 매년 100의 가치가 향후 30년간 동일하게 발생한다고 가정할 때 30년간 발생하는 본 사업의 가치를 현재가치화하시오.

| 표 2-10 | 할인계수와 현재가치화 산정표

연도	자산	할인계수			현재가치화		
		4%	6%	8%	4%	6%	8%
1	100						
2	100						
3	100						
4	100						
5	100						
6	100						
7	100						
8	100						
9	100						
10	100						
11	100						
12	100						
13	100						
14	100						
15	100						
16	100						
17	100						
18	100						
19	100						
20	100						
21	100						
22	100						
23	100						
24	100						
25	100						
26	100						
27	100						
28	100						
29	100						
30	100						
				합계	-	-	-

| 표 2-11 | 할인계수와 현재가치화 기본산정

		할인계수			현재가치화		
연도	자산	4%	6%	8%	4%	6%	8%
1	100	0.96	0.94	0.93	96.15	94.34	92.59
2	100	0.92	0.89	0.86	92.46	89.00	85.73
3	100	0.89	0.84	0.79	88.90	83.96	79.38
4	100	0.85	0.79	0.74	85.48	79.21	73.50
5	100	0.82	0.75	0.68	82.19	74.73	68.06
6	100	0.79	0.70	0.63	79.03	70.50	63.02
7	100	0.76	0.67	0.58	75.99	66.51	58.35
8	100	0.73	0.63	0.54	73.07	62.74	54.03
9	100	0.70	0.59	0.50	70.26	59.19	50.02
10	100	0.68	0.56	0.46	67.56	55.84	46.32
11	100	0.65	0.53	0.43	64.96	52.68	42.89
12	100	0.62	0.50	0.40	62.46	49.70	39.71
13	100	0.60	0.47	0.37	60.06	46.88	36.77
14	100	0.58	0.44	0.34	57.75	44.23	34.05
15	100	0.56	0.42	0.32	55.53	41.73	31.52
16	100	0.53	0.39	0.29	53.39	39.36	29.19
17	100	0.51	0.37	0.27	51.34	37.14	27.03
18	100	0.49	0.35	0.25	49.36	35.03	25.02
19	100	0.47	0.33	0.23	47.46	33.05	23.17
20	100	0.46	0.31	0.21	45.64	31.18	21.45
21	100	0.44	0.29	0.20	43.88	29.42	19.87
22	100	0.42	0.28	0.18	42.20	27.75	18.39
23	100	0.41	0.26	0.17	40.57	26.18	17.03
24	100	0.39	0.25	0.16	39.01	24.70	15.77
25	100	0.38	0.23	0.15	37.51	23.30	14.60
26	100	0.36	0.22	0.14	36.07	21.98	13.52
27	100	0.35	0.21	0.13	34.68	20.74	12.52
28	100	0.33	0.20	0.12	33.35	19.56	11.59
29	100	0.32	0.18	0.11	32.07	18.46	10.73
30	100	0.31	0.17	0.10	30.83	17.41	9.94
				합계	1,729	1,376	1,126

| 그림 2-5 | 할인율에 의한 현재가치화

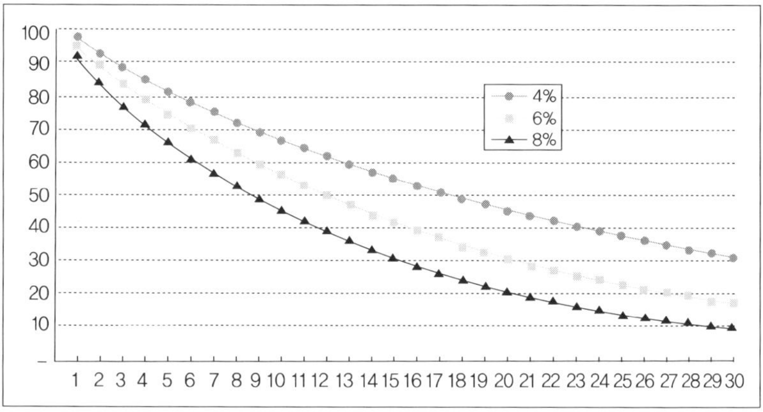

III. 가상적 시장평가법(CVM)과 행정서비스 가치분석

1. 기본 개요

○ 21세기에 들어서 국가 및 지방자치단체의 행정을 둘러싼 제반 환경은 그 어려움이 증가일로에 있다. 특히 행정관리적 측면에 있어 큰 영향을 미치는 최근의 경제사회환경의 변화는 일본은 물론 한국사회에서도 주요한 과제로서 대두되고 있다. 이러한 행정환경의 주요변화에 따른 과제를 우선 몇 가지 정리해보면 다음과 같다.

○ 첫째는 심각해지는 재정상황이라 할 수 있다. 경제의 저성장 지속과 경기불안으로 인한 세수의 감소 등에 의해 국가와 지방의 차입금잔고는 일본의 경우 660조엔을 넘어 재정이 극도로 어려운 상황에 직면하고 있다. 이러한 가운데 행정현장에서는 행정서비스 효과가 높은 사업방법을 엄선하고자 하는 움직

임, 즉 사업 자체의 폐지 또는 집중화를 진행시키고자 하는 움직임이 강화되고 있는 실정이다.

○ 둘째로는 정책판단의 자명성의 저하를 들 수 있다. 2차대전 후 식량증산으로부터 시작하여 소득증대, 일본열도의 개조계획 등 일찍이 행정이 지향해야 할 목표는 극히 명확했고 전 국민으로부터의 합의 또한 쉽게 확보가 가능했었다. 이에 비해 내셔널 미니멈(National Minimum)[1]의 충족도가 높고 국민의 가치관이 다양화되고 있는 오늘날에는 행정판단의 자명성이 급격히 저하되고 있는 실정이다. 이를 위해 행정은 정책의 구체화나 평가 등의 경우에 있어 정책선택사항의 가치를 명확화하고 판단의 타당성을 검증할 필요에 직면하고 있다.

○ 셋째로는 책임성(Accountability)[2]의 중시이다. 정책판단의 자명성저하와 함께 행정의 무실패 신화도 붕괴되어 가고 있다. 정보공개조례의 제정과 옴부즈만의 활약을 기다릴 여지없이 앞으로의 행정은 정책선택사항의 대안이나 정책선택의 프로세스에 관해 과거 이상의 치밀하고 과학적인 정보를 정비하고 국민에게 제시해 가는 것이 요구되고 있다.

○ 이와 같은 환경변화에 대응하여 국가나 지방자치단체에는 행정개혁이 요구되기 시작하였고 특히 행정평가라고 하는 추진제도 속에서 행정서비스의 과학적 · 정량적인 평가나 목표관리 수법의 도입이 진행되게 되었다.

○ 이러한 제도추진은 반드시 기대한 만큼의 성과를 올리지 못하고 있는 것이 또한 현실이다. 행정평가에 대한 성과를 올리기

---

1) 국가가 국민에게 또는 국가차원에서 보장해야 할 최저한의 도시 및 생활수준 등을 말한다.

2) 일반적으로 책임성이라고 일컫지만, 일본에서는 일정 정부정책의 정책결정내용과 그 판단기준에 관한 정보공개로 해당 정책사업에 관한 시민에의 설명책임을 다한다는 성격에서 설명책임성으로 해석하기도 한다.

어려운 원인의 하나로 지금까지 행정내부에서 행해져온 경영관리방법이 행정서비스 그 자체적 가치의 파악에는 중점을 두지 않았다는 점을 들 수 있다.

○ 지금까지의 행정에는 투입하는 예산의 용도나 거기에서 얻어지는 사업량의 관리가 중심이었다. 민간기업을 예로 든다면 해당 업체의 지출과 생산량에 대한 관리를 하고 있는 것에 불과한 것이다.

○ 기업이라면 당연히 생산된 상품의 가치[3]에 관해 다양한 방법에 의해 분석 · 파악해오고 있지만 장기간의 비용(cost)과 사업량(事業量)만의 관리에 주력해온 행정으로서는 행정서비스의 성과(가치)를 객관적으로 산정할 방법(know-how)이 부족한 것이 지금까지의 현실이었다.

○ 지금까지 행정투자에 관한 성과의 산정은 일부 거액의 공공사업 및 투자에 따른 물리적인 사업에 주로 한정되어 온 것이 사실이다. 이러한 행정환경 속에서 효율적인 행정서비스 제공을 위한 투자의 우선순위 선정이나 다양한 사업방법의 효과를 과학적으로 분석하고 최적의 수법을 선택하는 노력은 행정조직 내에서도 대단히 중요한 작업으로 생각된다.

○ 이러한 상황하에서 국가 및 지방정부 행정서비스 및 행정투자사업에 관한 정책적 의의를 명확히 하기 위해 실제 지방자치단체가 주민에게 제공하는 실질적인 개별 행정서비스에 대해 서비스 수혜자인 시민이 느끼는 행정서비스에 대한 가치평가와 이의 정량화에 관한 분석이 요구되고 있다.

○ 본장에서 행정투자 및 지방자치단체의 서비스사업에 관한 가치평가의 검증은 지방중추도시인 K시에 있어서 대 시민서비스(4개 분야)를 대상으로 CVM(Contingent Valuation Method: 가상석

---

3) 고객에 있어서는 가치를, 시장에 있어서는 경쟁력 등을 의미한다.

시장평가법)[4]이라는 평가방법을 토대로 행정서비스에 대한 가치평가와 행정서비스 제공의 효과를 분석하고자 한다. 구체적 행정투자사업에 있어서 행정투자 · 비용(cost)의 파악과 함께 고객의 입장에서 행정서비스 가치의 정량화를 위한 방법모색에 의의가 있다.

2. 행정서비스 편익산정의 이론적 논의

(1) 이론적 체계

○ 행정서비스의 가치를 산정하기 위해서는 우선 그 서비스가 초래하는 효과를 정량적으로 파악할 필요가 있다. 행정서비스의 효과에 관해서는 주민 만족도나 일반적인 합의를 얻을 수 있는 특정의 지표[5] 등에 의해 산정할 수도 있다.

○ 그러나 종류가 다른 타 사업과의 비교나 투자효율성의 분석 등을 행하기 위해서는 행정서비스의 효과를 화폐가치로 환산한 편익의 개념을 이용하는 것이 필요하다.

○ 환경이나 행정서비스 등 非시장재[6]의 편익산정방법으로서는 방지지출법[7]이나 재생비용법[8] 등 그 자체의 유지나 변화에 필요한 투입비용에 주목한 방법들이 존재한다.

○ 환경 등 효용 그 자체의 가치(output)를 화폐로 환산하는 방법

---

4) Contingent Valuation Method의 약칭. 일명 가상적 시장평가법 또는 가상적 평가법이라고도 한다. 재화를 일반적으로 시장에서 평가가능한 시장재와 평가가 어려운 비시장재로 구분할 경우 이 비시장재를 대상으로 가상적인 시장을 형성, 재화(주로 공공재)를 평가하는 방법으로서의 의미이다.

5) 예를 들면 교통사고사망건수 등.

6) 그 가치를 거래하는 시장이 존재하지 않는 재화.

7) 환경 등을 일정상태로 유지하기 위한 비용을 편익으로 생각하는 방법.

8) 악화된 상태를 원래의 상태로 되돌리기 위한 비용을 편익으로 생각하는 방법.

으로서 헤도닉가격법(Hedonic Price Method), 여행비용법(Travel Cost Method) 등이 있으며 본장에서 도입, 분석하고자 하는 가상적 시장접근법(Contingent Valuation Method: CVM)도 이러한 분석방법의 하나에 해당된다고 본다.

○ 이러한 방법은 투입(input)에 주목하는 전자의 방법에 대해 보다 직접적인 결과(outcome)를 대상으로 산정하는 방법인 결과보다 정밀도가 높다고 할 수 있다.

○ 헤도닉가격법은 "공공사업의 정비편익은 전부 토지에 귀착한다"는 가설을 전제로 하고 있다. 따라서 헤도닉가격법으로는 공공사업 등의 실시에 의해 어느 정도 지가가 상승할 것인가를 산정 또는 예측하는 것으로 해당 사업의 전편익(全便益)을 일괄하여 산정할 수 있다.

○ 여행비교법은 "어느 특정의 시설을 방문하기 위해 사람들이 지출하는 여행경비(교통비+시간비용)가 시설에 대한 이용자들의 평가를 이미 반영하고 있다"라고 하는 가설에 기초하고 있다. 그 결과 여행비교법에서는 시설의 이용에서 소비자가 얻는 편익을 대상지로의 여행비용으로 대체하여 평가하게 된다.

○ 그 외 헤도닉가격법으로 산정하는 행정서비스는 주로 도로, 철도, 상하수도, 재개발사업 등 지가(地價)에 영향을 미치는 대규모 사업에 한정되며, 여행비교법에 의한 평가대상서비스는 레크리에이션 사업 등 사람들의 이동을 유발할 수 있는 행정서비스로 그 대상이 한정된다는 약점이 있다.

○ 지금까지의 개괄적 연구방법에 관한 이론적 검토에 더해 본장에서 구체적으로 분석하고자 하는 가상적 시장평가법(CVM)에 대한 이론적 검토내용을 정리하면 다음과 같다.

○ CVM은 1947년 미국 캘리포니아 버클리대학 농업자원경제학부의 Ciriacy-Wantrups 박사가 토양침식방지의 편익분석에 있어 최초로 언급하여 1958년에 미국 국립공원국이 델라웨어강 유

역의 레크리에이션 가치를 산출하기 위해 도입한 것이 실제사용의 시작이라고 할 수 있다.

○ CVM은 환경이나 경관 그 자체나 이들의 변화에 대해 주민의 '지불의사액'이나 '수령보상액'을 구해 의사적(擬似的)인 시장가치로 전환하여 정량화하는 방법이다.

○ 구체적으로 간단히 언급하면 면접이나 설문조사에 의해 어느 환경이나 경관의 효용 및 특징을 설명한 후에 "당신은 이 환경(경관)이 실현되는 것에 최대 얼마 정도까지 지불할 용의가 있다고 생각하십니까(=지불 의사액)" 또는 "이 환경 또는 경관이 소멸된다면 당신은 얼마의 보상이 필요하다고 생각하십니까(=수령보상액)"라고 하는 질문에 의해 회답자의 평균치를 집계하여 여기에 인구(세대수)를 고려하여 해당 환경 또는 경관의 가치를 추정하는 방법이다.

○ 헤도닉가격법이 지가를, 여행비교법이 여행비용을 대체하여 가치를 산정하는 것에 대해 CVM은 보다 직접적으로 주민 또는 이용자의 의사를 확인하는 점이 그 특징이라 할 수 있다.

○ CVM이 가장 주목을 받은 사례로는 알래스카 해협에서 엑손사의 탱크 바르디즈호가 좌초하여 원유가 유출된 사고를 들 수 있다. 사고 후 엑손사는 원유제거를 위해 30억 달러를 지출하였지만 이에 더해 주변의 파괴된 해양생태계의 배상책임 또한 묻게 된 것이다.

○ 1989년 오하이오 재판에서 이 해양생태계 손해배상액의 산정방식으로서 사법당국이 CVM을 인정한 것은 CVM 역사 속에서도 획기적인 사건으로 여겨지고 있다. 또한 이때 생태계파괴의 피해액은 28억 달러로 추정되어 재판에서는 9억 달러의 배상액으로 화해하게 되었다.[9)]

---

9) 단 그 후 CVM에 관한 논쟁에 의해 미국에서는 환경피해에 대한 배상액

| 표 2-12 | 행정서비스가치의 평가방법 비교

구분	헤도닉 가격법 (Hedonic Price Method)	여행비용비교법 (Travel Cost Method)	가상적 시장평가법 (Contingent Valuation Method)
적용범위	○지역어메니티, 수질오염, 소음 등에 한정(철도, 도로, 공원, 하수도)	○레크리에이션, 경관 등에 한정(공원, 도서관, 미술관 등)	○레크리에이션, 경관, 야생생물, 종의 다양성, 생태계 등 폭넓음
내용	○환경자원의 존재가 지대에 미치는 영향을 토대로 가치의 정량화	○대상지까지의 여행비용을 토대로 가치를 정량화	○지불의사액의 합이 사업의 편익을 나타냄
가정	○환경의 질 변화가 지가에 반영된다 ○지가는 완전경쟁하에서 시장균형가격을 형성한다. ○소비자의 동질기호	○어느 특정의 시설을 방문하기 위해 사람들이 사용하는 여행경비는 시설에 대한 사람들의 평가를 반영하고 있다.	○지불의사액의 합이 사업의 편익을 나타내고 있다.
산정대상	○지가함수	○수요곡선	○지불의사액 또는 수령보상액
장점	○정보입수 비용이 저렴 ○지가, 임금 등 시장데이터로부터 정보를 얻음	○필요한 정보가 적다(여행비용과 방문율)	○적용범위가 넓다. ○존재가치나 유산가치 등 비이용가치 평가가능
문제점	○편익의 과대추정 ○과거 데이터축적이 있는 사업에는 유용하나 개별사업의 사전평가에는 사용이 어렵다. ○적용범위가 지역적인 것으로 한정됨 ○일반적으로 도시부의 환경재가 높게 평가되는 경향이 있다.	○아무 시설이 없는 단계에서의 사전평가에는 사용키 어렵다. ○모든 사람들의 시간가치를 동일하게 설정하고 있다. ○사람들의 이동에 있어 주변특성을 고려치 않기 때문에 과대평가되기 쉽다.	○앙케이트 실시를 통해 정보입수를 행하는 결과 비용이 크다. ○다양한 바이어스의 존재 가능성 - 조사자의 바이어스 - 정보의 바이어스 - 지불수단의 바이어스 - 초기 값의 바이어스

의 산정에 CVM은 사용하지 않고 있다.

(2) 행정서비스사업에 대한 가상적 시장평가법 활용도

○ 非시장재에 관하여 직접적인 주민의 의사를 확인하는 CVM기법은 지금까지 주로 자연환경이나 경관 등에 대한 평가방법으로서 이용되어 왔다. 향후 행정서비스의 분야에서도 서비스가치의 정량화를 위한 하나의 기법으로서 이 분석방법은 충분히 그 가치가 크다고 생각된다.

○ 첫째로 행정투자의 판단과 정책 우선순위 책정재료로서의 활용이다. 어려운 재정상황이 지속되는 가운데 향후에도 국가나 지방자치단체는 행정투자에 관해 더한층 면밀한 검토와 중점화를 진행할 필요가 있을 것이다. 이와 같은 행정투자의 판단이나 우선순위를 검토할 때에는 헤도닉가격법이나 여행비용비교법과 함께 CVM이 정착되면 현재 이상으로 정량화 가능한 행정서비스의 종류가 증가하고 정책판단이나 주민설명에 유효한 정보가 다량으로 제공될 수 있을 것으로 생각된다.

○ 둘째는 사업 틀의 재검토시에 있어 기초데이터로서의 활용에 있어 그 유용성이 크다. 행정관리의 효율화가 추구되는 가운데 과거 어느 때보다 행정서비스에 관한 수익자 부담을 요구하는 견해가 많다. 도서관, 스포츠 시설 등에 있어서의 이용자 부담의 틀에 의한 관리방향의 수정논의도 그 한 예라 할 수 있다. 이러한 기존사업 및 공공서비스 제공방법의 모색과 수정시에 있어서도 CVM에 의한 행정서비스 가치의 정량화 시도는 내부의 의사결정과 주민에 대한 문제제기의 재료로서 그 활용성이 상당히 높다고 판단된다

○ 셋째는 행정사업과 조직내부의 목표관리를 위한 지표로서의 활용성이 크다. 행정의 관리개혁 속에서 사업과 조직의 목표관리를 도입하는 움직임이 보이고 있다. 지금까지의 경우 목표로서 제시할 수 있는 수치지표가 한정되어 온 것이 실제 현장담당자로서의 고민이었다.

○ 그러나 CVM에 의해 행정서비스 가치의 정량화를 행함에 의해 일정사업의 조직에 관해서는 새로운 성과 · 행정가치나 비용에 관한 목표지표를 얻을 수 있게 된다는 점에서 향후 행정사업의 관리에 있어 일대혁신을 요구할 수 있는 계기가 될 수 있을 것으로 생각된다.

3. 가상적 시장평가법의 실증적 운용

(1) 전체 연구조사 개요

○ 국내에 있어 CVM의 활용영역은 주로 자연환경이나 경관 등의 분야가 중심이 되어 왔다. 그러나 행정현장에서는 복지나 구급의료 서비스, 생활환경이나 경관의 개선, 각종 상담서비스 등 소프트적인 행정서비스의 가치파악에도 관심이 높아져 구체적인 방법으로서 CVM에 주목하기 시작한 것이다.

○ 본 연구의 사례대상지역으로서 K시를 대상으로 CVM을 이용한 행정서비스의 가치를 파악하는 실제조사를 실행하였다. 이 연구조사를 위해 K시의 적극적인 지원은 연구 수행에 있어 큰 도움이 되었을 뿐만 아니라 선진사례로서 꼽을 수 있다.

○ 참고로 K시라고 하는 사례지역은 행정사업에 있어서도 사회복지측면에서의 도시행정사업이 전통적으로 발달되어 온 도시이다. 이처럼 사례도시가 오랫동안 역점을 두어 온 행정투자사업의 평가와 이를 통한 향후사업의 효율화를 기하기 위한 피드백 작업을 위해 본 연구조사가 이루어지게 되었다. 연구 분석의 전체적 흐름을 정리하면 다음과 같다.

| 그림 2-6 | CVM에 의한 조사의 흐름

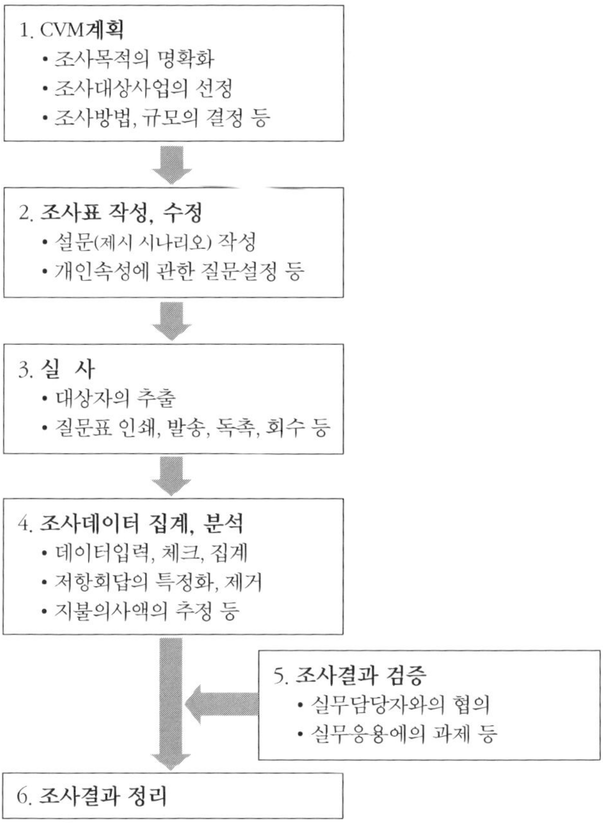

(2) 가상적 시장평가법 운용의 유의내용

○ CVM조사에 관해 일상적 의식조사 설문(Questionnaire)과 다른 기술적 유의점 및 특징에 관해 간략히 정리하면 다음과 같다.

1) 설문 및 제시 시나리오 작성

○ CVM은 원래 시장(market)에 존재하지 않는 행정서비스에 대해 지불하여도 좋다고 생각하는 금액(지불의사액)에 대해 질문하여

지불의사가격을 추정하는 방법이다. 이를 위해 질문대상으로 하고 있는 서비스 내용이나 범위에 관해 상당히 상세한 설명을 필요로 한다.

○ 예를 들면 이 조사에서는 "구급서비스"를 대상으로 하였지만 조사시에는 소방서나 출장소의 장소 및 시설 수, 기기 등의 도입상황, 구급구명인의 인원수, 출동건수 등에 관해 상세한 정보를 제공하였다.

2) 저항회답의 특정 및 제거

○ CVM에서는 데이터를 집계할 때에 저항회답을 제거하여야 한다. 저항회답이란 회답자가 지불수단에 반대하거나, 정책내용의 불명확성 등을 이유로 제시된 시나리오에 대해 납득할 수 없음에 의해 지불의사액을 '0'로 회답하는 것을 말한다.

○ 이번 조사에서 저항회답으로 판단하여 0원으로 회답한 이유의 예를 들어 정리하였다. 이러한 저항회답의 구분은 엄밀히 수행할 필요가 있으며 분석상에 있어 중요하게 작용하게 된다.

○ 예를 들어 "가치 없음"이란 판단에 기초하여 0원의 회답까지를 저항회답으로서 제거해버릴 경우 결과적으로 해당 서비스의 편익을 과대평가할 우려가 있기 때문이다. 또한 0원의 회답

| 표 2-13 | 저항회답의 예시

예 문
○설명의 불충분 ○이용자 부담으로 해야만 함 ○경비의 삭감을 고려해야만 함, 행정개혁으로 안을 짜내야 함. ○세금으로 해결해야만 함, 국가의 예산을 조정해야 함. ○자원봉사로 행해야 함. ○이용자가 한정된다 등

자료: 조사결과에 의거 정리

가운데 저항회답을 추출하기 위해 질문 표에는 0원 회답자에게 0원의 이유를 묻는 질문을 설정해 두고 있다.

3) 행정서비스 가치의 추정

○ 행정서비스 가치의 추정은 저항회답의 제거단계를 거쳐 추출 선정된 표본을 기초로 분석을 행하게 된다. 먼저 지불의사액의 평균액을 산출하고 그 금액의 평가대상자 수를 산정하여 확대함수를 이용, 산정하게 된다.

○ 질문의 설정에 의해 약간의 차이는 있을 수 있지만 행정서비스에 관해서는 세대단위로서 지불하여도 좋은 금액을 묻는 경우가 많기 때문에 그 경우는 확대함수를 설정, 세대수를 이용, 산정하게 된다. 세대에 의한 확대함수를 이용할 경우 질문 표에는 “당신의 세대에서는 얼마 정도라면 지불하여도 좋다고 생각합니까”라는 표현을 이용하게 된다.

(3) 실증적 사례에 의한 행정서비스가치 추정

1) 조사의 개요

○ 본 조사에서 분석·평가대상으로 한 행정서비스는 시에서 실시하는 구급서비스, 소비자 상담사업, 회원제 문화활동서비스, 시민건강의 산림조성(녹지보전·회복)의 4가지 사업에 관해 조사를 실시하였다.

2) 저항회답이 특정·제거와 지불의사액의 산정

○ 각 서비스에 해당되는 유효회답표 중에서 저항회답을 특정한 결과 약 20～45%의 저항회답이 발생하였다. 특히 소비자 상담사업에 있어서 저항회답의 비율이 높았고 이것은 서비스제공의 틀 자체에 관한 합의가 충분히 확보되지 못한 사업이라고 볼 수도 있다.

○ 이러한 저항회답을 제거한 후 유효회답을 대상으로 한 지불의사액의 평균치를 산정하면 구급서비스가 가장 높은 약 4,100원, 다음으로 회원제 문화활동서비스가 약 2,900원, 시민건강산림조성이 약 1,700원, 소비자 상담사업이 약 1,100원으로 나타나고 있다.[10)]

| 표 2-14 | 모델케이스에 의한 조사개요

구 분	내 용
① 조사대상사업	○ 구급서비스 ○ 소비자상담사업 ○ 회원제문화활동서비스 ○ 시민건강산림조성
② 조사설계	○ 조사지역: K시 전역 ○ 조사대상: 18세 이상 K시 시민 ○ 표본추출: 667인, 무작위 추출 ○ 조사방법: 우편수송 및 우편답신 ○ 조사기간: 2000년 8월~9월
③ 회수결과	○ 표본회수: 217표 ○ 회수율: 32.5%

자료: 이 조사의 기본계획과 설계에 의거 작성

○ 구급서비스의 경우 0원의 회답자가 적었기 때문에 그리고 또한 회원제 문화활동서비스의 경우 지불의사액이 1만원을 넘는 고액의 회답자가 다수 나왔기 때문에 이들의 지불의사액 평균치는 비교적 높게 나타나고 있다.

10) 저항회답을 엄격히 적용하는 경우와 유연히 보는 경우 지불의사액의 평균치는 다소 변동하게 되지만 그 변동폭은 2~5%로 소폭이기 때문에 구체적인 검토는 제외한다.

| 표 2-15 | 저항회답의 발생률과 지불의사액 평균

행정서비스	표본 수	저항회답 수 (발생률)	수정표본 수	지불의사액 평균 (원/세대)
구급서비스	191	48(25.1%)	143	4,050
소비자상담사업	197	88(44.7%)	109	1,128
회원제문화 활동서비스	197	42(21.3%)	155	2,868
시민건강 산림조성	191	63(33.0%)	128	1,652

자료: 조사결과에 의거 작성

3) 행정서비스 가치의 추정

○ 산출된 지불의사액의 평균치와 K시의 전체 세대수를 기초로 하여 행정서비스 가치를 산정하게 된다. 그 결과 구급서비스는 약 22.1억원, 소비자 상담사업은 약 6.1억원, 회원제문화활동서비스는 약 15.6억원, 시민건강산림조성은 약 9.0억원으로 추정되었다. 각각의 질문에 관하여 상당수의 저항회답이 발생하기 때문에 설문의 회답수에 비해 표본수가 줄어들게 되고 이러한

| 표 2-16 | 행정서비스 가치의 추정

구 분		구급서비스	소비자 상담사업	회원제문화 활동서비스	시민건강 산림조성
표본수		143	109	155	128
지불의사액 평균(원)		4,050	1,128	2,868	1,652
행정가치(억원)		22.1	6.1	15.6	9.0
신뢰구간 (억원)	95%	±5.6	±1.7	±6.5	±2.1
	90%	±4.7	±1.4	±5.4	±1.8

자료: 조사결과에 의거 작성

결과 어떠한 서비스에 있어서도 통계적인 오차의 범위는 발생하게 된다.

(4) 실제 행정비용과의 비교분석

○ 지금까지의 조사결과를 토대로 K시청과의 인터뷰조사를 실시, 실제 서비스의 제공을 위해 투입해 온 경비와의 비교분석을 실행하였다. 이러한 결과를 가지고 각각의 서비스에 관한 향후 검토에 관해 다음과 같은 논의가 가능하다고 생각된다.

1) 구급서비스

○ 구급서비스의 추정치 약 22.1억원은 소방서나 구급차 등 초기투자와 매년 운영경비의 총액에 거의 필적할 만한 규모인 것을 알 수 있었다. 구급서비스의 경우는 이용경험자가 한정되기 때문에 전체 평가액이 적어질 수 있다는 경향이 지적될 수 있지만 비용편익분석의 일반론에 의하면 비용에 대한 편익의 승수가 단순히 '1'로는 불충분하다고 보는 견해도 가능하다.

○ 어떠한 경우든 시민이 느끼는 가치의 총체와 실제비용과 괴리가 있다는 것은 사실로서 받아들일 필요가 있다. 단 위기대응형의 서비스에 대해 비용의 삭감만을 추구하는 것은 위험하다고 본다.

○ 향후 우선적 시설이나 설비의 조달비용에 관한 정보를 명확히 검토한 후 필요한 비용삭감을 진행해야만 할 것이지만, 행정의 지출비용에 맞춰 가치를 창출하는 노력, 즉 예를 들면 현장에의 도착시간을 단축한다든가, 시민에 대한 PR방법을 변화시키는 등의 노력도 개선의 대상에 포함시켜 고려하여야만 할 것이다.

○ 더욱이 Civil Minimum[11]의 서비스에 관해서는 세(稅)부담에 의해 일상생활 속에 당연히 수혜 또는 존재하게 된다. 이 때문에 설문을 작성할 때는 현재 서비스의 가치를 전혀 없는 경우와

11) 자치단체가 주민에게 보장해야 할 최저한의 생활환경을 말한다.

비교하여 물을 것인가, 서비스의 확충(예를 들면 헬리콥터에 의한 수송, 직원기술의 향상 등)에 대한 가치를 물을 것인가를 정확히 표현하는 방법의 연구가 필요하다.

| 표 2-17 | CVM에 의한 추정과 실제 행정경비 비교

구 분	CVM에 의한 추정치	현 상 치	
		초기투자	매년운영비
구급 서비스	22.1 억원	○ 시설비: 약 280만원/년 [시설정비비(약 8.33억원)×구급서비스관련면적(약 10%)÷내용연수(30년)] ○ 구급차구입비: 약 8000만원/년 (19대×330만원/8년) ※토지가는 미고려	○ 구급대원인건비: 약 19억원/년 (1000만원×190인) ○ 구급차유지관리비: 약 1억 4000만원 ○ 전화담당자 경비 등: 약 1억6000만원
소비자 상담사업	6.1 억원	○ 센터관리운영비: 약 1900만원/년 (시설사용료, 수도광열비 등)	○ 상담사업경비: 약 2900만원/년 (인건비, 데이터베이스화 비용 등)
회원제 문화활동 서비스	15.6 억원	○ 시설상각비 상당액: 약 6.7억원 (200억원/30년) ※ 금리, 대규모 수리비는 미고려	※ 문화활동의 사업경비는 불명확
시민건강 산림조성	9.0 억원	○ 정비비용: 약 1.3억원/년 (약 13억원/10년) ※ 토지가는 미고려(약 2.47만㎡)	○ 유지관리비: 약 4000만원/년 [市공원유지관리비총액(약 6억원)÷市공원면적(약 37.5만㎡)×시민건강산림면적합계(약 2.47만㎡)] ※ 시민건강산림은 시민에 의한 관리를 상정하고 시 공무원의 인건비는 제외하였음

자료: 조사결과에 의거 작성

2) 소비자 상담사업

○ 소비자 상담사업의 추정치 약 6.1억원은 현재의 규모 · 틀을 전제로 한 시설경비 및 운영사업비의 합계치를 크게 상회하는 수준에 있다. 이에 의해 이용자의 서비스 향상을 위해 다소의 비용증가를 인정하는 것은 가능하다고 생각된다.

○ 예를 들면 계약전문가를 파견한다거나 전화나 E-mail에 의한 서비스 제공방법의 병행 등이 고려될 수 있다. 그러나 전술한 바와 같이 소비자상담사업에 관한 저항회답이 많았기 때문에 폭넓게 무료로 제공하는 서비스가 아닌 일정량의 수익자 부담을 추구하는 시스템도 포함한 서비스 제공의 틀 그 자체에 관해 다시 한 번 검증해보는 것도 필요하다.

3) 회원제문화활동 서비스

○ 회원제문화활동 서비스의 추정치 약 15.6억원은 대규모 시설의 감가상각액(減價償却額)에 거의 필적하는 규모에 해당되지만 매년 운영경비 등을 커버할 수 있는 규모는 아니다. 설문에서는 이 서비스를 "강당(hall)을 정비함과 동시에 세계적인 교향악단과의 프랜차이즈 등에 의해 연 2회 메인 공연에의 무료초대 등이 제공된다"고 가정하였다.

○ 만약 이 강당(hall)을 프랜차이즈 관계로 3분의 1 정도 이용한다고 한다면 시설관계 해당비용은 약 5억원 정도일 것이다. 시민이 인식하는 가치가 15.6억원이므로 역산한다면 이 서비스의 소프트 부문으로의 지출은 매년 약 10.6억원이 그 한도라고 생각할 수 있다.

○ 이와 같은 개괄적 산정에 의해 이 사업을 구체화할 경우 회원제 문화활동서비스의 소프트 부문을 연간 약 10.6억원 이내로 한정하도록 설계하거나 또는 세계적인 수준의 소프트 서비스가 약 10.6억원으로 달성 불가능하다면 사업 자체를 재검토할

필요가 있다.

○ 이와 같이 未실현 서비스의 가치파악에 관한 기법론상에 있어서의 과제가 남기는 하지만 개괄적인 산출액을 염두에 두고 사업을 설계함에 의해 민간기업의 상품개발과도 유사한 사업성과(Cost Performance)가 높은 사업의 설계 또는 합리적인 투자의 가부판단을 가능하게 한다는 점에서 평가할 필요가 있다.

4) 시민건강산림조성

○ 시민건강을 위한 산림조성은 매년의 운영경비를 크게 상회하는 추정치이지만 土地代까지 고려한다면 행정가치는 낮은 것으로 평가된다. 따라서 본 사업을 위해 새롭게 토지를 취득하는 것은 시민이 생각하는 가치를 초과한 과대투자로 볼 수도 있다.

○ 그러나 예를 들면 현재 市가 소유하고 있는 유휴지로 당분간 이용할 예정이 없는 토지 등에 관해 조성비와 매년 관리비가 연간 수억원의 범위 내라면 사업실시의 가치가 있다고 볼 수도 있다. 단 이러한 경우 토지이용은 잠정적인 성격이 강하기 때문에 단기간에 회수 가능한 사업설계가 중요하고 시설이나 설비의 상각상당액(=총 투자액)은 최대한 단기간(또는 소액)으로 설계할 필요가 있다.

○ 본 사례지역의 연구조사를 토대로 지금까지 분석결과를 정리하였다. 이는 일단의 예시적 측면에서 전술한 바와 같은 사고가 가능하며, 실제적 정책판단에 있어서는 업무의 실태 등 보다 상세한 자료의 검토하에 행정서비스에 대한 정책적 판단을 행할 필요가 있다.

(5) CVM의 행정사업평가 주요과제

○ CVM을 행정서비스 가치의 정량화에 응용하기 위한 시도는

이제 막 걸음마 단계에 지나지 않기 때문에 향후과제 또한 적지 않다고 본다. 특히 조사대상, 정보제공 방법이나 수준 등 조사표의 기술방법, 조사방법, 표본수 등의 면에 있어 정밀성의 향상이 중요하다고 생각된다.

○ 우선, 조사대상측면에서 CVM은 보다 직접적으로 이용자인 주민의 의사를 확인하는 기법이기 때문에 해당 서비스의 가치판단은 조사대상인 주민의 해당 서비스에 대한 이해나 관련지식의 정도, 이용경험의 유무 등에 의해 크게 좌우되게 된다. 이 때문에 조사대상서비스나 조사대상자의 선정에 있어 세심한 주의가 필요하고 조사 가능한 행정서비스 및 범위에 관한 구분 또한 상당히 중요하게 고려될 필요가 있다.

○ 둘째는 조사대상 서비스에 관한 정보제공의 방법이나 그 수준이다. 행정서비스는 주민의 일상생활에 그물망과 같이 밀접하게 연계되어 있기 때문에 오히려 그 내용이나 비용이 알려지지 않은 것도 많다. 예를 들면 상하수도의 정비나 구급서비스 등이 어느 정도의 시설이나 인원에 의해 운영되고 있는지 그 이미지는 일반주민이 쉽게 가지기 어렵다. 이러한 경우 조사표의 설명문에서 받는 인상이 회답에 큰 영향을 미칠 가능성이 있다. 향후 조사방법의 정밀성에서의 진전과 함께 정보제공의 방법에 관해서는 좀더 많은 궁리와 개선노력이 행해져 정보제공의 방법과 수준에 관한 표준형이 공유되어 가는 것이 필요하다.

○ 마지막으로 조사방법이다. 일반적으로 CVM에서는 우편에 의한 조사보다는 면접조사가 바람직하다고 인식되어 있고 또한 지불의사액의 파악방법도 자유회답보다는 복수의 선택사항에서 답해 받는 선택회답과 선택회답 가운데에서도 다단계의 양자택일 방식이 바람직하다는 지적이 있다.

○ 그러나 행정실무에 이것을 응용하는 경우에는 조사비용(비용,

시간, 투입인원 등)을 최소화할 필요가 있다. 단순하고 가벼운 조사방법으로 우편에 의한 방법을 중심으로 조사기법의 정밀도를 향상시켜 가는 것 또한 조사 자체의 효율성측면에서 주요한 과제라고 생각된다.

▶ 참고: 분야별 편익항목 등 고려사항

1. 도로교통 사업

(1) 교통수요의 예측

연평균・일평균・시간당 교통량과 변화량

○ 차량 유형별(승용차, 버스, 트럭) 교통량 성장률

○ 화물 유형별 수송량과 증가율

○ 여객 수송 및 성장률

(2) 미래발생 교통량의 발생유형별 파악

○ 현재교통량: 도로 등의 개선이 없더라도 발생될 교통량. 기준연도 정상교통량에 차량별 교통 성장률 적용

○ 전환교통량: 다른 교통수단, 다른 도로 등에서 전환하는 교통량

○ 유발교통량: 이전에는 없던 교통량으로 수송비용 감소 때문에 발생. 특정요인이 없으면 전환교통량과 합하여 정상교통량의 1/2로 추정.

(3) 차량유형별 교통측정 방법: 각종 차량별 성장인자(Growth Factor) 추출

○ 승용차, 버스의 성장률: 1인당 운송수요와 지역인구 감안

○ 트럭 성장률: 지역의 화물증가량

○ 지역인구 증가율에 의한 미래 지역인구 추계
○ 차량별, 지역별 교통량표 작성

(4) 편익(수익, 비용절감 등)의 측정

1) 수송비용의 감소
○ 차량운행비(유류비) 절감액: 교통량 × 단축거리 × km당 절감액
○ 운송회사의 차량비 감축액
○ 현재의 운송비용과 도로교통 부문 개선 후의 추정 운송비용과의 비교차액
○ 장래교통량 예측치와 시장가격에 의해 직접적인 계산이 가능
○ 연료, 엔진오일, 타이어 마모, 차량유지관리비 및 감가상각비의 절감액

2) 시간절약 생산성 향상액: 소득접근법

3) 화물수송시간 단축
○ 시간절약분 × 기준가격 = 시간단축에 대한 가격

4) 지역경제의 총체적인 화물량의 증가
○ 추가예상 화물 증가량과 시장가격에 의해 계산

5) 사고비용의 감소
○ 개선 전후의 사고율을 추정하여 사고감소로 인한 수익의 예측
○ 재산상의 손실, 상해치료비용, 시간손실, 법정비용, 기타 사고로 인한 비용(사고유형별 보험수가 적용)

6) 환경변화 효과
○ 도로교통시설의 개선에 따른 여행의 안락과 편안함

○ 인근 토지, 생산활동, 자원개발 및 지역개발 등의 영향과 부존자원의 경제성 제고 및 관련 산업 개발촉진 효과
○ 새로운 산업입지의 조성 및 유치와 토지이용의 변화에 미치는 효과
○ 생산유발효과: 추가 생산되는 생산물의 화폐가치로 계산
○ 시장확대효과: 가격차에 의한 제품 판매이익의 증대로 계산
○ 생산효율 증대효과: 수송비용의 감소에 따른 효율적인 생산과 배분

7) 편익측정을 위한 통계자료

○ 시간당 생산성(전산업 평균임금액 ÷ 전산업 평균근로시간)
 * 자료: 노동경제연감, 한국경영자협의회
○ 전산업 평균 근로일수, 전산업 평균 근로시간, 전산업 평균임금 총액
 * 자료: 노동부, "경제활동인구연보", "매월노동통계조사보고서"

2. 회관(여성, 근로자, 복지 등) 건립사업(사회 · 보건 부문)

(1) 조사 분석 항목

○ 각종 유사시설의 설치 및 이용 상황
○ 건전여가 생활요구 및 사회활동 참여 여건
○ 다양화된 근로자 · 여성의 복지수요 여건 분석

(2) 편익 항목

○ 운영수입(총수입 – 유지관리비 등 비용)
○ 기타수입 및 비용절감 효과
○ 이용자의 사회적 편익을 기술

3. 병원, 의료원 등 의료기관 신축(사회 · 보건 부문)

(1) 조사 분석 항목

○ 지역내 의료기관 현황(병상, 수용규모 등) 분석자료

○ 주민의 의료기관 이용실태 및 증감추이 예측자료

○ 공공 병원, 의료원이 설치되어야 하는 지역여건 분석

(2) 편익 항목

○ 의업수입(연간총수입 - 연간총비용)

— 의료수가 대비, 이용예상인원 대비 산출

○ 외지진료로 인한 교통비 등 주민의 비용 절감액

(교통비 × 인원 × 소요일수)

○ 기타 사회적 편익

4. 폐기물 처리시설(청소 · 환경 부문)

(1) 조사분석 항목

○ 인구증가, 소득수준 향상에 따른 쓰레기 발생현황

○ 폐기물 처리실태, 생활환경 개선 및 오염방지 측면

○ 지역적, 지형적 요건과 관련하여 시설의 적합성

(2) 편익 항목

○ 환경보존효과(소각장 해당)

— 수송비용 및 매립비용 절감액

○ 운영수익: 쓰레기 수거료 수입액(종량제 봉투 판매액)

○ 쓰레기 매립 후 토지매각수익(매립장 해당)

○ 기타 수익

○ 주민이 얻는 사회적 편익 기술

5. 분뇨처리장 시설(청소 · 환경 부문)

(1) 조사분석 항목

○ 인구증가, 지역개발 등에 따른 분뇨발생 추이
○ 분뇨처리 실태에 따른 생활환경 개선 및 오염방지 측면
○ 지역별, 수계별 수질오염 여건 등 분뇨처리시설 설치 필요성
○ 기존 처리시설 실태 및 수세화 실태 등

(2) 편익 항목

○ 환경보전효과
— 미설치시 수질오염 방지를 위한 최소한의 처리비용(인건비, 처리시설유지비, 약품비 등)
○ 시설운영 수익
○ 기타 수익
○ 주민이 얻는 사회적 편익성 기술 등

6. 농공단지 · 산업단지 조성사업(산업 · 경제 부문)

(1) 조사분석 항목

○ 지역의 산업구조, 종사자 분석
○ 산업별 생산액 현황 및 종사자 소득현황
○ 인주증가 및 감소 여건
○ 지역 내 농공단지 및 산업단지 현황
○ 공업용지 수요예측에 의한 규모의 적정성 검토
○ 지역적 특성에 의한 개발정책 여건

(2) 편익 항목: 공단조성으로 인한 재무적 수익성이 없으므로 주민이 얻는 사회·경제적 편익을 분석

○ 공단조성 후 고용효과 및 종사자 임금소득
○ 지역개발을 촉진하는 파급효과 및 수익성
○ 기타 지역경제에 미치는 효과 등 사회적 편익

7. 어항건설사업(산업·경제 부문)

(1) 조사분석 항목

○ 어촌의 개발을 위한 사업의 필요측면, 수혜대상 어가수 분석
○ 그간 재난피해상황 분석

(2) 편익 항목: 사업 자체로 인한 직접편익이 없으므로 어민의 편익을 분석

○ 어가 가구당 수입증가액(가구당 소득 × 어가가구수 × 수익증가율)
○ 어선재난피해 감소액
○ 지역에 미치는 소득효과 분석(관광수익 등)

8. 농수산물도매시장·공판장·산지경매장 건설(산업·경제 부문)

(1) 조사분석 항목

○ 농산물 경작실태 및 농가소득에서 차지하는 비중분석
○ 생산물 처리실태조사
○ 전체주민 이용편리 등 측면

(2) 편익 항목: 시설의 직접수익과 농어민의 비용절감분을 편익으로 계상

○ 공판장 임대수입

○ 상품매출수익(총매출액 - 매출원가)
○ 농산물 재배증가에 따른 농민소득증가액
○ 농산물 외지출하에 따른 출하비용 절감액
○ 기타 사회적 편익

9. 지방상수도 사업(상 · 하수도 부문)

(1) 조사분석 항목

○ 급수대상지역 인구수 및 인구증가율에 따른 급수량 및 증가예상량 예측
○ 급수인구 1인당 물소비량 증가요인 예측
○ 생활환경개선, 수질오염으로 인한 전염병 예방측면
○ 지역별 원수의 안정적 확보 차원 분석

(2) 편익 항목

○ 상수도의 급수판매수익
— 연간 급수량(m^3) × 배수단가(원/m^3) × 유효부과율(부과량/급수량)
○ 화재피해 감소액
— 과거 5년간 평균 화재피해액 × 수도사용으로 인한 진압비율 (80%)
○ 새로운 산업단지, 주거지역의 건설촉진과 소득 증대
○ 의료비 절감액(전염병 발생률의 감소)
— 과거 5년간 수인성 질병 발생자수 × 1인당 치료비
※ 질병발생자수, 치료비 등 조사
○ 기타 수익

10. 하수종말처리장 등 하수처리사업(상 · 하수도 부문)

(1) 조사분석 항목

○ 현재 하수처리 실태
○ 인구증가 및 소득수준 향상에 따른 생활오수 발생 측면
○ 생활환경개선, 하천 수질오염 측면
○ 하수처리되기 전의 방류수질과 하수처리된 후의 처리수질 정도를 비교
○ 방류하천과 사회계획과의 관계
— 오염원과 수질오염상의 문제점, 오염도, 수질변화도 등

(2) 편익 항목

○ 영업수익(수익자부담 수익): 하수도 사용료의 예상수익
※ 주민수혜인구 × 요금
○ 영업외 수익
○ 환경보존효과
— 미설치시 수질오염방지를 위한 최소한의 처리비용(인건비, 처리시설유지비, 약품비 등)
— 기타 사회적 편익

11. 하천개수 사업(치수 · 재해대책 부문)

(1) 조사분석 항목

○ 하천개수로 인한 홍수방지 및 홍수조절효과 파악
○ 홍수 피해원인 분석
○ 과거 홍수피해 종별 내역

(2) 편익 항목

○ 홍수 피해액 방지 수익
 — 농경지 유실 및 매몰, 농작물 감수피해, 건물 피해, 인명 피해 등
○ 농지조성 수익, 토지개량으로 인한 지가상승 수익
○ 기타 수익 및 주민이 얻는 사회적 편익

12. 택지개발 사업(지역개발 부문)

(1) 조사분석 항목

○ 경제 산업발전에 의한 지역적 여건
○ 인구증가에 따른 주택보급 여건
○ 국민생활복지 욕구불만 해소차원의 여건
○ 지역적 특성에 의한 개발정책 여건

(2) 편익 항목

○ 택지의 시장가치
 — [규모당 평균 시장가치 ÷ 규모당 평균 택지조성원가] × 분양금 또는 조성용지분양수익(총 분양수입 - 총투자비)
○ 지역개발을 촉진하는 수익
○ 기타 수익 및 사회적 편익

13. 공원조성사업(지역개발 부문)

(1) 조사분석 항목

○ 인구증가 및 생활수준 향상에 따른 여가수요 여건
○ 주민들이 일상생활 공간에서 쉽게 이용할 수 있는 지역적 여건

○ 자연환경, 지리적 특성, 사회적 특성, 토지이용 등에 의한 공공정책 추진 필요성

(2) 편익 분석: 주민이 얻는 사회적 편익을 화폐화하기 위한 분석방법의 연구가 필요함

○ 주민이 얻는 사회적 편익을 기술

14. 박물관 건립사업(문화 · 예술 · 체육 · 관광 부문)

(1) 조사분석 항목

○ 주민의 생활향상에 따른 문화향수 욕구충족 측면

○ 공원, 체육시설, 각종 문화시설 등 내역, 이용현황 및 부족상황

○ 지역실정에 맞는 적합한 시설여부 검토

(2) 편익 항목

○ 운영수익(입장료 수입－유지관리비)

○ 기타수입

○ 주민이 얻는 사회적 편익 기술

15. 관광지 개발사업(문화 · 예술 · 체육 · 관광 부문)

(1) 조사분석 항목

○ 인구증가 및 소득향상에 따른 관광객 수요증가 측면

○ 도시공원, 유원지 등 여가시설 부족 상황

○ 중심도시와의 위치, 거리 및 국도, 지방도 등 교통여건 접근성

○ 주변 관광자원 현황 및 연계가능성 등

(2) 편익 항목

○ 관광수익
  — 입장료수익: 입장료 × 일일평균입장객 × 365일
  — 주차장 수입: (주차료 × 일일평균주차대수 × 365일)
○ 시설임대 수입
○ 직영사업수익(연간 총수입 - 연간총비용)
○ 관광객 지출에 의한 주민소득 증가액
○ 기타 소득 및 주민이 얻는 사회적 편익 기술

16. 체육시설 건립사업(문화 · 예술 · 체육 · 관광 부문)

(1) 조사분석 항목

○ 인구증가 및 생활수준 향상으로 인한 생활체육 욕구 여건
○ 체육시설 부족 등 지역내 체육시설 필요성
○ 체육행사(국내, 국제경기 유치 등) 개최 등 필요성
○ 주민 휴식공간으로서의 필요성 등

(2) 편익 항목

○ 입장료 수입(연간총수입 - 연간총비용)
○ 시설임대료 수입
○ 기타 수익 및 주민이 얻는 사회적 편익

17. 문화예술회관 건립(문화 · 예술 · 체육 · 관광 부문)

(1) 조사분석 항목

○ 생활수준 향상 및 문화수준 향상에 따른 주민의 욕구
○ 국가정책 및 사회여건
○ 기타 문화예술회관 건립의 필요성

(2) 편익 항목
- ○ 운영수익(연간 총수입 – 총비용)
- ○ 기타 수익 및 주민이 얻는 사회적 편익 기술

18. 소방서 건립(민방위 · 소방 부문)

(1) 조사분석 항목
- ○ 화재, 구조 등 소방수요 및 증가 측면
- ○ 소방시설의 미비로 인한 주민의 애로 측면

(2) 편익 항목: 사업 자체로 인한 수익은 산출할 수 없으므로 주민의 사회적 편익을 수익으로 계상
- ○ 화재로 인한 재산 및 인명피해 절감액
- ○ 기타 주민의 사회적 편익

19. 공공청사 건립(일반행정 부문)

(1) 조사분석 항목
- ○ 청사의 부족 및 유지관리 애로 측면
- ○ 원활한 행정서비스 수행을 위한 측면
- ○ 지역의 균형발전을 위한 적합한 위치선정 여부

(2) 편익 항목: 사업 자체의 수익을 기대하기 어려운 사업으로 주민의 사회적 편익을 기술
- ○ 유지관리비 절감액
- ○ 주민이 얻는 사회적 편익 기술
- ○ 기타 수익 또는 편익

▶ 실습과제

Q1. 소비자잉여분석의 실습

◎ 수요량설정(대/년): 대전-수원간 국도1호선 확장 정비사업

연차	연도	with	without	일일평균 통행량
1	2004	16,060,000	16,060,000	44,000
2	2005	16,790,000	16,060,000	46,000
3	2006	17,520,000	16,060,000	48,000
4	2007	18,250,000	16,060,000	50,000
5	2008	18,980,000	16,060,000	52,000
6	2009	19,710,000	16,060,000	54,000
7	2010	20,440,000	16,060,000	56,000
8	2011	21,170,000	16,060,000	58,000
9	2012	21,900,000	16,060,000	60,000
10	2013	22,630,000	16,060,000	62,000
11	2014	23,360,000	16,060,000	64,000
12	2015	24,090,000	16,060,000	66,000
13	2016	24,820,000	16,060,000	68,000
14	2017	25,550,000	16,060,000	70,000
15	2018	26,280,000	16,060,000	72,000
16	2019	27,010,000	16,060,000	74,000
17	2020	27,740,000	16,060,000	76,000
18	2021	28,470,000	16,060,000	78,000
19	2022	29,200,000	16,060,000	80,000
20	2023	29,930,000	16,060,000	82,000
21	2024	29,930,000	16,060,000	82,000
22	2025	29,930,000	16,060,000	82,000

23	2026	29,930,000	16,060,000	82,000
24	2027	29,930,000	16,060,000	82,000
25	2028	29,930,000	16,060,000	82,000
26	2029	29,930,000	16,060,000	82,000
27	2030	29,930,000	16,060,000	82,000
28	2031	29,930,000	16,060,000	82,000
29	2032	29,930,000	16,060,000	82,000
30	2033	29,930,000	16,060,000	82,000

◎ 서비스수준(Level of Service) 설정 1

① 노선A-B 유료 CASE

○ 사업실시 경우(with)

소요시간(분)	주행비용(원)	비용1(원)	비용2(원)
18	3,600	2,100	3,000

○ 사업미실시 경우(without)

소요시간(분)	주행비용(원)
48	5,760

◎ 이용자편익

○ 시간가치: 8,500(시간/원), 할인율: 6%

연차	연도	사회적 할인 계수	일반화비용		이용자 편익(원)		with	without
			with	without	할인전	할인후	수요(대/년)	수요(대/년)
-3	2000	0.9434						
-2	2001	0.8900						
-1	2002	0.8396						
0	2003	0.7921						
1	2004	0.7473			-	-	16,060,000	16,060,000
2	2005	0.7050			-		16,790,000	16,060,000

3	2006	0.6651			-	-	17,520,000	16,060,000
4	2007	0.6274			-	-	18,250,000	16,060,000
5	2008	0.5919			-	-	18,980,000	16,060,000
6	2009	0.5584			-	-	19,710,000	16,060,000
7	2010	0.5268			-	-	20,440,000	16,060,000
8	2011	0.4970			-	-	21,170,000	16,060,000
9	2012	0.4688			-	-	21,900,000	16,060,000
10	2013	0.4423			-		22,630,000	16,060,000
11	2014	0.4173			-	-	23,360,000	16,060,000
12	2015	0.3936			-	-	24,090,000	16,060,000
13	2016	0.3714			-	-	24,820,000	16,060,000
14	2017	0.3503			-	-	25,550,000	16,060,000
15	2018	0.3305			-	-	26,280,000	16,060,000
16	2019	0.3118			-	-	27,010,000	16,060,000
17	2020	0.2942			-	-	27,740,000	16,060,000
18	2021	0.2775			-	-	28,470,000	16,060,000
19	2022	0.2618			-	-	29,200,000	16,060,000
20	2023	0.2470			-	-	29,930,000	16,060,000
21	2024	0.2330			-	-	29,930,000	16,060,000
22	2025	0.2198			-	-	29,930,000	16,060,000
23	2026	0.2074			-	-	29,930,000	16,060,000
24	2027	0.1956			-	-	29,930,000	16,060,000
25	2028	0.1846			-	-	29,930,000	16,060,000
26	2029	0.1741			-	-	29,930,000	16,060,000
27	2030	0.1643			-	-	29,930,000	16,060,000
28	2031	0.1550			-	-	29,930,000	16,060,000
29	2032	0.1462			-	-	29,930,000	16,060,000
30	2033	0.1379			-	-	29,930,000	16,060,000

◎ 서비스수준(Level of Service) 설정 2

② 노선A-C

○ 사업실시 경우(with)

소요시간(분)	주행비용(원)	비용1(원)	비용2(원)
30	3,600	2,100	3,000

○ 사업미실시 경우(without)

소요시간(분)	주행비용(원)
60	7,176

③ 노선B-D

○ 사업실시 경우(with)

소요시간(분)	주행비용(원)	비용1(원)	비용2(원)
25	3,600	2,100	3,000

○ 사업미실시 경우(without)

소요시간(분)	주행비용(원)
55	6,600

④ 노선C-D

○ 사업실시 경우(with)

소요시간(분)	주행비용(원)	비용1(원)	비용2(원)
15	3,600	2,100	3,000

○ 사업미실시 경우(without)

소요시간(분)	주행비용(원)
45	5,400

※ 주행비용 원단위(원/대, km)

① 일반도로(평지) 경우, 승용차류, 속도 60(km/h), 120원-without

① 고규격 및 지역규격도로 경우, 승용차류, 속도 90 이상(km/h), 90원-with

Q2. 일반화비용의 산정실습

◎ A노선

○ 사업실시 경우(with)

교통기관	소요시간(분)	비용(원)	수요량(인/년)	분담률	일반화비용	일반화비용
항 공	150	25,000	293,040	88%		
철 도	350	21,000	39,960	12%		
전체기관			333,000	100%		

○ 시간가치: 8,500원/시간

○ 사업미실시 경우(without)

교통기관	소요시간(분)	비용(원)	수요량(인/년)	분담률	일반화비용	일반화비용
항 공	150	25,000	249,750	78%		
철 도	350	21,000	83,250	25%		
전체기관			333,000	100%		

◎ B노선

○ 사업실시 경우(with)

교통기관	소요시간(분)	비용(원)	수요량(인/년)	분담률	일반화비용	일반화비용
항 공	130	21,000	186,000	93%		
철 도	300	20,000	14,000	7%		
전체기관			200,000	100%		

○ 사업미실시 경우(without)

교통기관	소요시간(분)	비용(원)	수요량(인/년)	분담률	일반화비용	일반화비용
항 공	130	21,000	160,000	80%		

철 도	300	20,000	40,000	20%		
전체기관			200,000	100%		

Q3. 평균내구연수의 산정실습

◎ 문교시설

자 산 명	평균내구연수	구조물 내용
건 물	60	철골철근콘크리트구조 중학교용
건물부속시설	15	전기설비, 급배수시설 중 기타
구축물	30	학교용야구장, 수영풀
기계 및 장비	17	부속설비 이외의 기계 및 장치 이외의 것으로 주로 금속제
선 박	14	선박법에 의해 적용되는 것
차량 및 운반구	5	운송사업용 이외의 화물자동차
공구 및 기기비품	15	사무용책상, 의자, 캐비닛

◎ 학교시설, 학술시설의 평균내구연수 추계 기초 단위(억원, 년)

자 산 명	내용연수	국가투입액	지자체 투입액	자산투입 총액
건 물	60	4,198	33,732	37,930
건물부속시설	15	743	175	918
구축물	30	1,027	1,372	2,399
기계 및 장비	17	2,144	1,434	3,578
선 박	14	79	41	120
차량 및 운반구	5	70	91	161
공구 및 기기비품	15	2,384	13,399	15,783
자산투입총액		10,645	50,244	60,889
평균내용연수				

Q4. 사회적 할인율(현재가치화)의 산정실습

◎ 실습예제: 비용이 다음과 같은 A, B 두 사업이 있다. 어느 사업대안이 바람직한가? 할인율은 7%이다.

프로젝트	A	B
최초비용	4,000	16,000
연도별비용	6,400	1,400
내구연한	6년	3년

	연도	A	B	할인계수	A사업 현재가치화	B사업 현재가치화
최초비용	0					
연도별비용	1					
	2					
	3					
	4					
	5					
	6					
					-	-

제3장 비용산정과 평가지표산정

▶ 강의개요

○ 공공투자사업에 따라 형성되는 사회적 자산에 대한 투자비용의 관점에서 비용을 분해하고 그 산정법을 이해하도록 한다.

○ 사회적 자산의 형성과 운영에 따른 전체적 관리운영비용의 산정과 비용편익분석을 위한 계산상의 임의적 사업 중지에 따른 잔존가치의 산정과 각종 자산의 계상법에 관해 습득하도록 한다.

○ 일정사업의 편익과 비용의 산정에 따른 종합평가지표의 산정 방법을 숙지하도록 한다.

○ 향후 사업여건의 변화에 따라 각종 산정의 전제조건 변화에 따른 평가결과를 분석하는 민감도 분석을 이해하도록 한다.

▶ 학습목표

○ 비용분석과 산정법
○ 잔존가치 분석법의 숙지
○ 감가상각자산과 비감가싱각자산의 계상법 숙지
○ 평가지표의 산정
○ 평가결과에 대한 민감도 분석의 숙지

I. 비용의 산정

1. 주요비용항목과 산정

○ 공공투자사업의 비용 산정 대상범위는 편익의 산정에서 전제로 하는 해당 서비스 개선에 관련되는 全사업을 산정대상으로 한다. 일반적 행정투자사업의 비용구성을 정리하면 다음과 같다.

| 표 3-1 | 비용항목 분류와 내용

비 용 항 목	내 용
① 부지매입비	사업대상토지의 매입, 보상비 포함
② 부지조성비	사업대상토지의 조성비
③ 건축공사비	사업대상시설 건축공사비(빌딩, 청사 등)
④ 토목공사비	사업대상시설 정비비(도로, 철도, 항만, 공항의 세부시설)
⑤ 기타시설비	사업시설이 서비스를 제공하기 위한 부대시설 및 설비비
⑥ 유지개량 · 재투자비	③, ④, ⑤ 시설의 유지개량 및 재투자
⑦ 유지보수 · 관리비	③, ④, ⑤ 시설의 유지보수 및 관리비(이 비용은 분석상 공급자편익의 마이너스 편익으로 산정)

○ 공공투자 사업에 소요되는 비용(건설투자액)은 다음 식에 의해 각 연도별로 산정하게 된다.

$$CC_{tc} = \frac{IV_{tc}}{1+tax} + RT_{tc} \qquad [식\ 3\text{-}1]$$

CC_{tc}: tc년에 있어서 건설투자액(원/년)
IV_{tc}: tc년에 있어서 건설비(원/년)
RT_{tc}: tc년에 있어서 부지투자비(원/년)
tax: 소비세율

○ 모든 비용항목에 있어서 소요되는 인건비(일반관리비 포함), 재료비 등을 동시에 고려한다. 또한 건설과 운영관리에 근무하는 직원(공무원)의 인건비도 고려한다.

2. 세금과 물가상승에 관한 검토

(1) 세 금

○ 현재 논의되고 있는 상황을 토대로 비용편익분석에 있어 세금에 관한 검토내용을 정리하면 다음과 같다. 크게 세금을 비용에서 공제해야 한다는 의견과 비공제 의견이 있다.

— 우선 세금 전반을 비용에서 공제해야 한다는 주장은 사업주체측의 세금지출은 최종적으로는 국가수입이며 사회적 희생양이 아니다는 논의에서이다.

— 반면 세금 전반을 비용에서 공제시켜서는 안 된다는 논의는 행정투자로 인해 새로운 고용과 생산증가를 창출하게 되고 이는 세수입을 증가시키는 결과 비용의 과소, 편익의 과대평가라는 주장에 의해 비공제가 논의되고 있는 실정이다.

○ 이러한 논의를 정리하면 비용산정에 있어 세금을 공제해야 한다는 논의는 민간의 사업성분석(Cash Flow)차원에서 유효하며 비공제 의견은 사회적 편익과 효용의 분석차원에서 유효하다고 본다.

○ 결과적으로 현실적 차원에서 산정을 위한 주요검토내용을 정

리하면 다음과 같다.

— 사업자의 이익을 결정하는 법인세, 사업세, 지방세는 건설 매출액에 대한 이익률이 평균 2.8%(10년)의 50%인 1.4%가 실효적 세율로 분석된다. 결과 이를 비용편익분석의 산정에 반영한다고 할지라도 그 영향은 노력에 비해 미미하다는 판단하에 고려치 않고 있다.

— 대신 건설비, 유지관리비 등 각종 사업비에 관계되는 세금 가운데 기본적으로 소비세는 산정토록 하고 있다.

(2) 물가상승에 관한 검토

○ 비용편익의 산정에 있어 시간가치 등의 원(原)단위, 투자비용 등은 물가상승분을 제외하기 위해 그 원단위 등을 평가기준연도의 실질가격으로 변환(deflate)하는 작업이 필요하다. 즉 명목가격(normal price)에서 실질가격(real price)으로의 변환이다. 실질가격으로의 변환을 위해서는 GDP변환(deflate), 소비자물가지수 등이 있으나 기본적으로 GDP변환을 주로 사용하고 있다.

3. 자산의 잔존가치 산정

○ 사회간접자본 및 자산에 대한 잔존가치의 산정은 크게 감가상각자산과 비감가상각자산을 대상으로 하고 있다. 기업회계상에서 비감가상각자산에 해당되는 부지, 감가상각자산에 해당되는 시설(자산)건설비와 이의 유지개량 및 재투자에 의해 운영되는 자산을 대상으로 하고 있으며 다음의 요령에 의해 잔존가치를 산정하여 계산기간 말에 일괄적으로 편익에 계상(計上)한다.

○ 잔존가치의 산정방법은 기업회계상의 감가상각개념을 이용한 것으로 다음과 같은 산정방법을 취하고 있다.

(1) 비감가상각자산의 잔존가치 산정

○ 비감가상각자산인 부지에 소요되는 부지관련비의 산정을 정리하면 다음과 같다.

① 부지취득비는 계산기간 말에 부지취득비를 비용으로 산정한다.

부지관련비 등 비감가상각자산의 잔존가치는 시장가격 등을 참고로 평가한 자산가치로서 계산한다. 또한 시장가격(현재의 시장가격) 등을 참고로 평가할 경우에는 조성된 부지의 잔존가치는 주변시장 지가와 지하, 고가 밑, 평지 등의 용도자질을 고려하여 산정하는 것을 기본으로 할 필요가 있지만 사업평가를 과대평가하지 않기 위해서는 토지취득비만을 산정대상으로 검토하는 방법도 있다.

② 부지조성비는 조성된 사업부지의 타 용도로의 전용(轉用) 여부에 의해 다음의 평가방법으로 산정한다.

ⓐ 상정되는 토지이용의 용도에 의해 주변지가를 참고로 산정하는 방법과

ⓑ 장래에도 계속 해당사업시설로서 사용되는 것(서비스 제공)을 상정하여 발생하는 순편익(연평균 편익)을 산정하는 방법으로 나누어진다.

| 그림 3-1 | 순편익발생에 의한 잔존가치산정 개념도

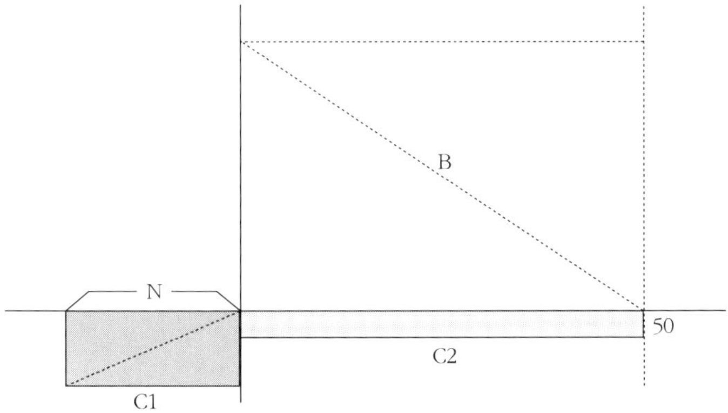

$= B - C1 - C2/50 = X$(순편익)

$= 1/(1+i)^{n+50} \times X / i$ [식 3-2]

에 의해 50년간 발생하게 되는 편익을 잔존가치로서 산정하게 된다.

| 표 3-2 | 순편익 개념에 의한 잔존가치 산정 예

구 분	내역(억원, 년)
C1(초기투자)	100
C2(관리운영비)	10
B(계산기간편익)	500
n(건설투자기간)	5
I(사회적 할인율)	4%
계산기간	50

(2) 감가상각자산(Depreciable assets)의 잔존가치

○ 감가삼각자산은 내용연수(耐用年數, durable years of fixed capital)가 길고 투자규모가 크며, 도로 등과 같이 계속적 관리 보수에 의해 해당 시설이 계산기간을 초과하여 그 기능을 유지할 수 있는 시설이 해당된다.

○ 구체적으로는 비용항목의 분류에서 ① 토목공사비, ② 건축공사비, ③ 그 외 시설비에 관련되는 대상시설 및 자산이 감가상각자산에 해당된다. 감가상각자산의 잔존가치는 각 자산의 감가상각기간에 있어 해당시설의 초기 투자비를 산정하고 계산기간 내에 감가상각한 후 남은 잔존가치를 산정하게 된다.

○ 구체적 계산방법에 있어서는 계산기간 내에 全감가상각자산을 일괄한 종합감가상각기간을 산정하고 이 기간을 경과한 경우 해당 全시설(자산)의 초기투자액을 계상하는 종합감가상각법을 사용하게 된다. 또한 계산기간 내의 잔존가치는 정액법(定額法)에 의해 감가상각하여 산정하게 된다.

| 그림 3-2 | 토지 이외 시설(감가상각자산)의 잔존가치

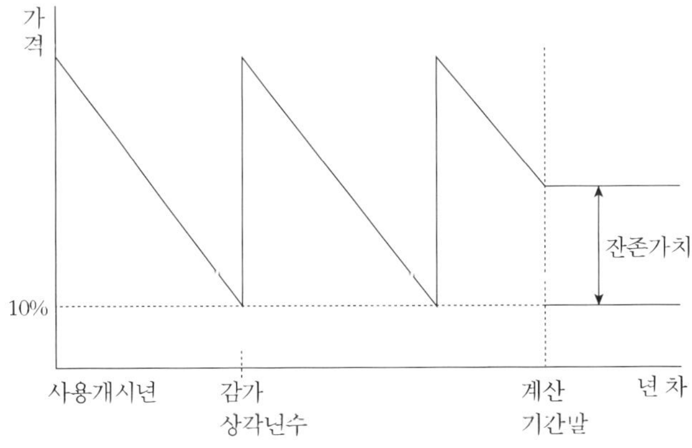

○ 정액법에 의한 계산기간말 잔존가치의 산정식을 정리하면 다

음과 같다.

□ 계산기간말 잔존가치=[자산A의 n년째의 취득가격-(자산A의 n년째 취득가격-자산A의 취득가격 10%)/종합상각내구연수×상각기간] [식 3-3]

○ 감가상각자산의 잔존가치 산정을 위한 종합내구연수는 다음 식에 의해 산정가능하다.

□ 종합상각연수=[∑i(시설항목 i 내구연수)×(시설항목 i 투자액)]÷[∑i (시설항목 i 투자액)] [식 3-4]

| 그림 3-3 | 감가상각법의 개념도

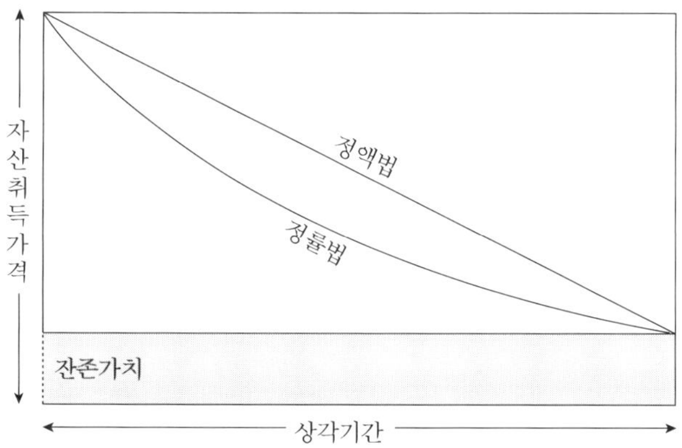

○ 정률법에 의한 산정식은 다음과 같다.

$= \text{자산A의 n년째 취득가격} \times [1 - \text{연상각률}(10\%)]^{\text{계산기간말} - \text{최종투자연도}}$

| 표 3-3 | 정액법과 정률법에 의한 잔존가치의 산정 실습 예

구 분	내 역
종합상각연수	15년
재투자비	7,850만원
계산기간 말	2,055만원
최종재투자연도	2,051만원

II. 평가지표의 산정

비용편익분석은 다음의 세 가지 평가지표에 의해 산정한다.

1. 평가지표의 산정과 방법

(1) 순 현재가치(Net Present Value: NPV)

○ 편익의 총 현재가치와 비용의 총 현재가치와의 차로부터 산출한다. 산출된 순 현재가치가 정(正)의 값일 경우 사회경제적 측면에서 효율적인 정책사업으로 평가한다.

○ 순 현재가치=(편익의 현재가치)-(비용의 현재가치)

$$NPV = B^* - C^* = \sum_{t=1}^{n} \frac{B_t - C_t}{(1+i)^t}$$

B_t: t년차의 편익, C_t: t년차의 비용,

i: 사회적 할인율, n: 계산기간

(2) 비용편익비(Cost Benfit Ratio: CBR)

○ 편익의 총 현재가치와 비용의 총 현재가치와의 비교에 의해 산출한다. 산출된 비용편익비가 1보다 큰 경우 사회경제적 측면에서 효율적 정책사업으로 평가할 수가 있다.

○ 비용편익비 = (편익의 현재가치) / (비용의 현재가치)

$$CBR = \frac{B^{t*}}{C^{*}} = \frac{\sum_{t=1}^{n} B_t / (1+i)^t}{\sum_{t=1}^{n} C_t / (1+i)^t}$$

B_t: t년차의 편익, C_t: t년차의 비용,
i: 사회적 할인율, n: 계산기간

(3) 경제적 내부수익률(Economic Internal Rate of Return: EIRR)

○ 발생하는 편익으로 투자한 비용을 점차적으로 반환한다고 생각할 경우의 최대 반환이율을 산출한다. 산출된 경제적 내부수익률이 기준으로 하는 사회적 할인율(4%)보다 큰 경우에는 사회경제적 측면에서 효율적 사업으로 간주하는 것이 가능하다.

○ 경제적 내부수익률=(경제적 순현재가치 값이 제로가 되는 할인율)

$$EIRR = i \Leftarrow NPV = O \qquad \text{or} \qquad \sum_{t=0}^{n} \frac{B_t - C_t}{(1+i)^t} = 0$$

○ 내부수익률은 직접적으로 산정할 수는 없다. 따라서 적당한 할인율(값)을 대입하면서 NPV가 “0”이 될 때까지 할인율 값을 반복 변화시키는 방법에 의해 산정한다.

○ NPV가 “0”이 되는 시점의 할인율(discount rate) 값, 즉 투하한 자본을 사업의 실시에 의해 발생하는 수익으로 연차적으로 반환해 갈 때 반환율이 어느 정도면 사업의 수지가 맞는가라는 관점에서 최대의 반환이율로서 내부수익률이 산정된다.

| 그림 3-4 | 내부수익률(IRR)의 산정 이미지

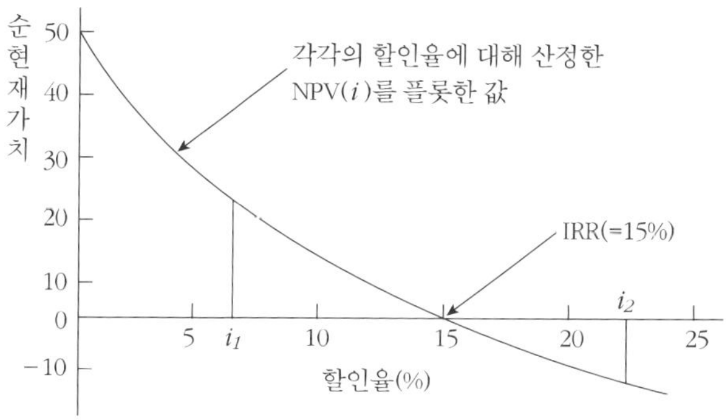

2. 평가결과에 관한 민감도 분석

○ 비용편익분석의 주요 평가지표인 순현재가치(NPV)와 비용편익비(CBR), 내부수익률(IRR)의 산정에 있어 향후 사회경제상항의 변화 등에 대응하여 평가의 기본전제가 되는 주요 요소(수요, 비용, 할인율, 계산기간) 등을 변화시켜 평가지표를 산정할 필요가 있다.

○ 예를 들어 수요의 변화 +5%, −5%, 전체비용의 증감, 할인율의 변화, 계산기간의 단축 등을 상정하여 평가지표를 재산정할 수 있다.

○ 민감도 분석의 변화폭은 사업의 특성과 여건에 따라 다양하게 상정할 수 있다.

| 표 3-4 | 민감도 분석의 상정 예

평가지표	수요변화		비용변화		할인율		계산기간	
	+5%	−5%	+5%	−5%	+2%	−2%	+5년	−5년
NPV								
CBR								
IRR								

▶ 실습과제 및 예제

Q1. 비용의 산정과 계산방법

◎ 공항건설사업의 비용 산정과 자산구성

○ 감가상각자산 (단위: 억원)

자 산	내구연수	투자액	
건 물	45	1,332	
활주로	15	9,269	
기 계	9	2,721	비용소계
종합상각연수		17	13,322

○ 비감가상각자산 (단위: 억원)

부지매입비	50,000
부지조성비	60,000
유지관리비	1,000

○ 계산기간 30년간의 총비용을 산정하시오!

										할인율 4%	감가상각 각자산	비감가상 각자산	
연차	연도	건축 공사비	토목 공사비	시설비	유지 관리비	부지 매입	부지 조성	유지 개량비	총비용	현재 가치	잔존 가치	잔존 가치	할인 계수
0	2000	1,332	9,269	2,721		50,000	60,000		123,322	123,322			1.000
1	2001				1,000				1,000	962			0.962
2	2002				1,000				1,000	925			0.925
3	2003				1,000				1,000	889			0.889
4	2004				1,000				1,000	855			0.855
5	2005				1,000				1,000	822			0.822
6	2006				1,000				1,000	790			0.790
7	2007				1,000				1,000	760			0.760
8	2008				1,000				1,000	731			0.731
9	2009				1,000				1,000	703			0.703
10	2010				1,000				1,000	676			0.676
11	2011				1,000				1,000	650			0.650
12	2012				1,000				1,000	625			0.625
13	2013				1,000				1,000	601			0.601
14	2014				1,000				1,000	577			0.577
15	2015				1,000				1,000	555			0.555
16	2016				1,000				1,000	534			0.534
17	2017				1,000			13,322	14,322	7,353			0.513
18	2018				1,000				1,000	494			0.494
19	2019				1,000				1,000	475			0.475
20	2020				1,000				1,000	456			0.456
21	2021				1,000				1,000	439			0.439
22	2022				1,000				1,000	422			0.422
23	2023				1,000				1,000	406			0.406
24	2024				1,000				1,000	390			0.390
25	2025				1,000				1,000	375			0.375
26	2026				1,000				1,000	361			0.361
27	2027				1,000				1,000	347			0.347
28	2028				1,000				1,000	333			0.333
29	2029				1,000				1,000	321			0.321
30	2030				1,000				1,000	308	4,030	15,416	0.308
									166,644	147,453	4,030	←기본식	

Q2. 감가상각자산의 잔존가치 산정 실습: 정액법과 정률법

◎ 예제 1: 순편익(연평균편익)에 의한 잔존가치를 산정하시오!

구 분	억 원 / 연
초기투자비 C1	100
유지관리비 C2	10
편익 B	500
건설기간 n	5
할인율 I	4%
계산기간	50

순편익(연평균편익)	400
50년간 발생 순편익	1,156

◎ 예제 2: 정액법에 의해 잔존가치를 산정하시오!

구 분	내역(연, 만원)
종합상각연수	15
재투자비	7,850
계산기간말	2,055
최종재투자연도	2,051

정액법 잔존가치	5,966

◎ 실습예제 1: 편익과 비용이 다음 표와 같이 추정되는 가상적인 두 가지 사업대안이 있다. 할인율이 0%, 10%일 때 순현재가치의 기준에 의하여 대안을 비교하여라.

| 표 1 | 사업대안의 편익과 비용 (단위: 원)

연 도	대 안 1		대 안 2	
	편 익	비 용	편 익	비 용
0	0	90	0	70
1	20	40	40	10
2	40	30	40	10
3	60	20	40	10
4	80	10	40	10
5	100	0	40	10

| 표 2 | 산 정 결 과

구분	대 안 1		대 안 2		할인율	할인율	대 안 1		대 안 2	
	편익	비용	편익	비용	0%	10%	Case1 0%	Case2 10%	Case1 0%	Case2 10%
0	0	90	0	70	1.00	1.00	−90.0	−90.0	−70	−70
1	20	40	40	10	1.00	0.91	−20.0	−18.2	30	27
2	40	30	40	10	1.00	0.83	10.0	8.3	30	25
3	60	20	40	10	1.00	0.75	40.0	30.1	30	23
4	80	10	40	10	1.00	0.68	70.0	47.8	30	20
5	100	0	40	10	1.00	0.62	100.0	62.1	30	19
						계	110.0	40.0	80.0	43.7

◎ 실습예제 2: 상기 실습예제 1의 사업대안을 기초로 순 현재가치(NPV), 비용편익비(CBR), 내부수익률(IRR)을 계산하고 사업대안을 비교 평가하여라. 할인율은 10%를 기준으로 한다.

| 표 1 | 산정결과표

연 차	대 안 1		대 안 2	
	편 익	비 용	편 익	비 용
0	0.0	90.0	0.0	70.0
1	18.2	36.4	36.4	9.1
2	33.1	24.8	33.1	8.3
3	45.1	15.0	30.1	7.5
4	54.6	6.8	27.3	6.8
5	62.1	0.0	24.8	6.2
계	213.05	173.01	151.63	107.9

| 표 2 | 평가지표 산정표

	대 안 1	대 안 2
NPV	40.0	43.7
CBR	1.23	1.41
IRR	19.2	32.3

◎ 실습예제 3: 다음 강의 네 개의 지류에 댐을 건설하는 사업대안을 검토하고자 한다. 대안1은 지류1에만 댐을 건설하는 방안, 대안2는 지류1과 2에 댐을 건설하는 방안, 대안3은 지류 1, 2, 3에 댐을 건설하는 방안, 대안4는 지류 1, 2, 3, 4 모두에 댐을 건설하는 방안이다. 이들 각 대안들에 대해 비용과 편익분석을 위한 다음의 내용을 산정하시오. 단, 사업의 수명은 40년, 할인율 4%로 추정하시오!

| 표 1 | 각 대안들의 편익과 비용의 추정 (단위: 천원)

구 분	대안1	대안2	대안3	대안4
건설비총액	1,200,000	1,500,000	2,700,000	3,500,000
유지관리비(연)	20,000	35,000	50,000	60,000
홍수예방이익(연)	200,000	250,000	280,000	300,000
재해예방이익(연)	20,000	40,000	60,000	70,000
관람오락이익(연)	30,000	30,000	60,000	70,000

1) 각 대안들의 편익의 현재가치와 비용의 현재가치를 구하시오.

〔대 안 1〕

	비 용			편 익				할인율	비용현재 가치화	편익현재 가치화
연수	건설비	유 지 관리비	비 용 소 계	홍 수 예 방	화 재 예 방	관 람 오 락	편 익 소 계	4%		
0	1,200,000		1,200,000					1.000	1,200,000	
1		20,000	20,000	20,000	20,000	30,000	250,000	0.962	19,231	240,385
2		20,000	20,000	20,000	20,000	30,000	250,000	0.925	18,491	231,139
3		20,000	20,000	20,000	20,000	30,000	250,000	0.889	17,780	222,249
4		20,000	20,000	20,000	20,000	30,000	250,000	0.855	17,096	213,701
5		20,000	20,000	20,000	20,000	30,000	250,000	0.822	16,439	205,482
6		20,000	20,000	20,000	20,000	30,000	250,000	0.790	15,806	197,579
7		20,000	20,000	20,000	20,000	30,000	250,000	0.760	15,198	189,979
8		20,000	20,000	20,000	20,000	30,000	250,000	0.731	14,614	182,673
9		20,000	20,000	20,000	20,000	30,000	250,000	0.703	14,052	175,647
10		20,000	20,000	20,000	20,000	30,000	250,000	0.676	13,511	168,891
11		20,000	20,000	20,000	20,000	30,000	250,000	0.650	12,992	162,395
12		20,000	20,000	20,000	20,000	30,000	250,000	0.625	12,492	156,149
13		20,000	20,000	20,000	20,000	30,000	250,000	0.601	12,011	150,144
14		20,000	20,000	20,000	20,000	30,000	250,000	0.577	11,550	144,369
15		20,000	20,000	20,000	20,000	30,000	250,000	0.555	11,105	138,816
16		20,000	20,000	20,000	20,000	30,000	250,000	0.534	10,678	133,477
17		20,000	20,000	20,000	20,000	30,000	250,000	0.513	10,267	128,343
18		20,000	20,000	20,000	20,000	30,000	250,000	0.494	9,873	123,407
19		20,000	20,000	20,000	20,000	30,000	250,000	0.475	9,493	118,661
20		20,000	20,000	20,000	20,000	30,000	250,000	0.456	9,128	114,097
21		20,000	20,000	20,000	20,000	30,000	250,000	0.439	8,777	109,708
22		20,000	20,000	20,000	20,000	30,000	250,000	0.422	8,439	105,489

연수	건설비	유지 관리비	비용 소계	홍수 예방	화재 예방	관람 오락	편익 소계	할인율	비용현재 가치화	편익현재 가치화
23		20,000	20,000	20,000	20,000	30,000	250,000	0.406	8,115	101,432
24		20,000	20,000	20,000	20,000	30,000	250,000	0.390	7,802	97,530
25		20,000	20,000	20,000	20,000	30,000	250,000	0.375	7,502	93,779
26		20,000	20,000	20,000	20,000	30,000	250,000	0.361	7,214	90,172
27		20,000	20,000	20,000	20,000	30,000	250,000	0.347	6,936	86,704
28		20,000	20,000	20,000	20,000	30,000	250,000	0.333	6,670	83,369
29		20,000	20,000	20,000	20,000	30,000	250,000	0.321	6,413	80,163
30		20,000	20,000	20,000	20,000	30,000	250,000	0.308	6,166	77,080
31		20,000	20,000	20,000	20,000	30,000	250,000	0.296	5,929	74,115
32		20,000	20,000	20,000	20,000	30,000	250,000	0.285	5,701	71,264
33		20,000	20,000	20,000	20,000	30,000	250,000	0.274	5,482	68,524
34		20,000	20,000	20,000	20,000	30,000	250,000	0.264	5,271	65,888
35		20,000	20,000	20,000	20,000	30,000	250,000	0.253	5,068	63,354
36		20,000	20,000	20,000	20,000	30,000	250,000	0.244	4,873	60,917
37		20,000	20,000	20,000	20,000	30,000	250,000	0.234	4,686	58,574
38		20,000	20,000	20,000	20,000	30,000	250,000	0.225	4,506	56,321
39		20,000	20,000	20,000	20,000	30,000	250,000	0.217	4,332	54,155
40		20,000	20,000	20,000	20,000	30,000	250,000	0.208	4,166	52,072
			2,000,000				10,000,000	총계	1,595,855	4,948,193

〔대 안 2〕

연수	비용			편익				할인율	비용현재 가치화	편익현재 가치화
	건설비	유지 관리비	비용 소계	홍수 예방	화재 예방	관람 오락	편익 소계	4%		
0	1,500,000		1,500,000					1	1,500,000	
1		35,000	35,000	250,000	40,000	30,000	320,000	1	33,654	307,692
2		35,000	35,000	250,000	40,000	30,000	320,000	1	32,359	295,858
3		35,000	35,000	250,000	40,000	30,000	320,000	1	31,115	284,479
4		35,000	35,000	250,000	40,000	30,000	320,000	1	29,918	273,537
5		35,000	35,000	250,000	40,000	30,000	320,000	1	28,767	263,017
6		35,000	35,000	250,000	40,000	30,000	320,000	1	27,661	252,901
7		35,000	35,000	250,000	40,000	30,000	320,000	1	26,597	243,174
8		35,000	35,000	250,000	40,000	30,000	320,000	1	25,574	233,821
9		35,000	35,000	250,000	40,000	30,000	320,000	1	24,591	224,828
10		35,000	35,000	250,000	40,000	30,000	320,000	1	23,645	216,181
11		35,000	35,000	250,000	40,000	30,000	320,000	1	22,735	207,866
12		35,000	35,000	250,000	40,000	30,000	320,000	1	21,861	199,871
13		35,000	35,000	250,000	40,000	30,000	320,000	1	21,020	192,184
14		35,000	35,000	250,000	40,000	30,000	320,000	1	20,212	184,792

15		35,000	35,000	250,000	40,000	30,000	320,000	1	19,434	177,685
16		35,000	35,000	250,000	40,000	30,000	320,000	1	18,687	170,851
17		35,000	35,000	250,000	40,000	30,000	320,000	1	17,968	164,279
18		35,000	35,000	250,000	40,000	30,000	320,000	0	17,277	157,961
19		35,000	35,000	250,000	40,000	30,000	320,000	0	16,612	151,886
20		35,000	35,000	250,000	40,000	30,000	320,000	0	15,974	146,044
21		35,000	35,000	250,000	40,000	30,000	320,000	0	15,359	140,427
22		35,000	35,000	250,000	40,000	30,000	320,000	0	14,768	135,026
23		35,000	35,000	250,000	40,000	30,000	320,000	0	14,200	129,832
24		35,000	35,000	250,000	40,000	30,000	320,000	0	13,654	124,839
25		35,000	35,000	250,000	40,000	30,000	320,000	0	13,129	120,037
26		35,000	35,000	250,000	40,000	30,000	320,000	0	12,624	115,421
27		35,000	35,000	250,000	40,000	30,000	320,000	0	12,139	110,981
28		35,000	35,000	250,000	40,000	30,000	320,000	0	11,672	106,713
29		35,000	35,000	250,000	40,000	30,000	320,000	0	11,223	102,608
30		35,000	35,000	250,000	40,000	30,000	320,000	0	10,791	98,662
31		35,000	35,000	250,000	40,000	30,000	320,000	0	10,376	94,867
32		35,000	35,000	250,000	40,000	30,000	320,000	0	9,977	91,219
33		35,000	35,000	250,000	40,000	30,000	320,000	0	9,593	87,710
34		35,000	35,000	250,000	40,000	30,000	320,000	0	9,224	84,337
35		35,000	35,000	250,000	40,000	30,000	320,000	0	8,870	81,093
36		35,000	35,000	250,000	40,000	30,000	320,000	0	8,528	77,974
37		35,000	35,000	250,000	40,000	30,000	320,000	0	8,200	74,975
38		35,000	35,000	250,000	40,000	30,000	320,000	0	7,885	72,091
39		35,000	35,000	250,000	40,000	30,000	320,000	0	7,582	69,319
40		35,000	35,000	250,000	40,000	30,000	320,000	0	7,290	66,652
			2,900,000				12,800,000	총계	2,192,747	6,333,688

2) 각 대안들을 순 현재가치(NPV), 비용편익비(CBR), 내부수익률(IRR)에 의해 비교 평가하여라.

〔대 안 1〕

NPV(천원)	3,352,338
CBR	3.10
IRR(%)	19.1

〔대 안 2〕

NPV(천원)	4,140,941
CBR	2.89
IRR(%)	18.90

제4장 재무적 타당성 분석

▶ 강의개요

○ 공공투자사업에 있어서 재무적 타당성 평가에 대한 의의 및 재무적 타당성 평가를 이해하기 위한 기초개념을 습득한다.

○ 현행 재무적 타당성 평가의 현안을 살펴봄으로써 재무성 분석의 중요성 및 기초지식을 습득한다.

○ 구체적 재무적 타당성 분석을 실시하기 위해 필수적인 분석의 기본적 가정을 이해한다.

○ 재무적 타당성분석의 판단기준(분석기법) 습득 및 분석을 실시한다.

○ 재무모델사례를 중심으로 한 실질적인 이해를 제고한다.

▶ 학습목표

○ 재무적 타당성 평가의 개념 및 경제적 타당성평가의 차이 이해

○ 재무적 타당성분석을 위한 기본개념 습득
○ 재무성 분석의 주요 가정(분석 틀) 이해
○ 다양한 분석기법 및 분석기법별 장・단점 이해
○ 현금흐름의 개념을 재확인하고, 수입과 비용의 추정항목 및 각 항목별 추정방법 등을 이해
○ 산출된 결과를 바탕으로 의사결정방법을 이해
○ 민감도분석을 통한 최종적인 판단과정 이해

I. 재무적 타당성평가의 이해

1. 재무적 타당성평가의 의의

○ 공공투자사업에서 재무성분석은 정부가 부족한 자원을 효율적으로 배분함과 동시에 추가적인 공공목표 달성을 위하여 민간의 참여를 유도할 수 있는가를 판단하기 위하여 실시한다.

○ 일반적으로 예비타당성조사에 있어서는 재무적 타당성 평가를 모든 사업에 의무적으로 수행할 필요는 없으나, 편익 대비 비용 비율이 1 이상으로 경제적 타당성이 인정되고, 사업성이 높아 민간의 사업참여를 유도할 가능성이 있는 사업 등에 대해서는 재무적 타당성을 평가 실시한다.

○ 그러나 재무성 측면에서 민간이 추진하기에 수익성이 부족한 사업의 경우에도 효율성과 민간의 창의성 부문에서 공공부문보다는 민간부문에서 추진하는 것이 바람직할 경우 일정수준의 재정지원을 통해 민간사업으로 추진 가능하므로 이러한 경우 적정 재정지원의 규모 산정을 위해 재무적 타당성 평가를 수행 실시한다.

2. 경제적 타당성평가와 재무적 타당성평가의 비교

○ 경제적 타당성(Economic Feasibility) 평가는 공공사업의 편익과 비용을 사회 전체의 입장에서 측정하고 이의 경제적 수익률을 계산하여 그 사업을 평가하는 것이다.

○ 한편 재무적 타당성(Financial Feasibility) 평가란 사회전 체의 입장이 아닌 사업 실행주체의 입장에서 실제의 금전적인 수입과 비용만을 추정하여 이의 재무적 수익성을 계산하여 그 사업을

평가하는 것이다.

— 재무적 타당성 평가에서는 실제의 투자예산액과 자금순환 과정(cash flow)을 중요시한다.

○ 구체적으로 비용과 수입을 계산하는 데 있어서 경제적 타당성 평가와 재무적 타당성 평가 간의 차이는

— 첫째, 경제적 타당성 평가는 국민경제적 입장에서 비용과 편익을 계산하므로 상품가격이나 환율, 임금 등은 원칙적으로 잠재가격으로 계산하지만, 재무적 타당성 평가는 개별 사업주체의 입장에서 모든 것을 계산하므로 단순 시장가격을 적용하여도 무방하다.

— 둘째, 세금, 이자비용 등 이전비용이 경제적 타당성 평가에서는 제외되어야 하지만 재무적 평가에서는 비용에 포함된다.

— 셋째, 할인율의 적용에 있어서 경제적 타당성 평가에서는 사회적 할인율이 적용되어야 하나, 재무적 타당성 평가에서는 시장이자율 등 재무적 할인율을 적용한다.

3. 재무성 분석의 일반적 절차

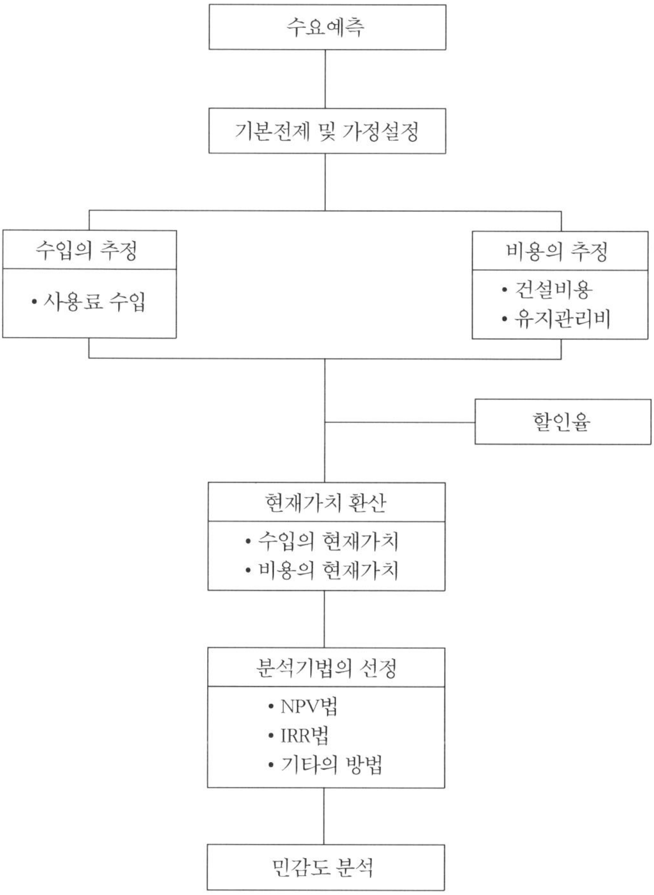

II. 재무적 타당성평가를 위한 기본개념

1. 경상가격과 불변가격

○ 장기간에 걸쳐 발생하는 현금흐름(수입과 비용)에 대한 가격을 표시하는 방법으로는 경상가격과 불변가격이 있다.

○ 불변가격이란 기준연도를 설정하고 기준연도 전후에 발생하는 수입과 비용(현금흐름)에는 물가변동이 없다는 가정하에 파악된 가격이다.

— 즉 가격은 일상적으로 물가를 포함하고 있으나, 일정한 기준시점의 가격으로 평가함으로써 물가변동요인을 제거하여 산정할 수도 있는바, 이 경우 전자는 경상가격, 후자를 불변가격이라고 한다.

○ 현재(기준시점) 5억원으로 아파트를 한 채 살 수 있는데 만일 1년, 2년 후의 아파트 가격을 5억원으로 가정하는 경우, 이때 5억원은 불변가격이다.

— 한편 현재 5억원으로 아파트 한 채를 살 수 있고 향후 2년 동안의 물가상승률이 5%라고 가정할 때 2년 후에 살 수 있는 아파트 한 채 가격은 5.5억원(5억원 + 5억원 × 10%)이 되며 이때 5.5억원이 2년 후의 경상가격이다.

— 즉, 불변가격 × 물가상승률 = 경상가격이 된다.

| 표 4-1 | 경상가격 및 불변가격 (물가상승률 매년 5% 가정)

	기준연도	기준연도+1	기준연도+2	기준연도+3	기준연도+4
불변가격	100	100	100	100	100
경상가격	100	100*(1+5%) = 105	105*(1+0.05) = 110.25	110.25*(1+0.05) = 115.76	115.76*(1+0.05) = 121.55

2. 사업의 할인율 및 수익률

(1) 개념정의

○ 할인율은 미래의 상이한 시점에서 발생하는 비용 또는 수익을 현재가치화 함으로써 비교, 평가가 가능토록 하기 위하여 사용되는 투자자원의 기회비용을 나타내는 이자율이다.

○ 수익률도 할인율의 일종이다. 민간부문이 투자를 계획함에 있어 자본의 기회비용에 이윤을 감안하여 투자로 얻게 되는 미래의 가치를 현재가치화하게 할 때 자본비용과 투자계획의 목표이윤을 고려하여 할인하게 되는바, 이때의 할인율이 수익률이다.

— 즉 수익률은 투자측면에서 바라본 개념으로서 투자에 대한 이윤이라는 목표를 강조한 할인율의 일종이다.

— 수익률의 수준은 기회비용과 투자계획의 이윤목표를 결정하는 위험보상률(Risk Premium)에 의하여 결정된다.

(2) 적정수익률의 개념

○ 투자자가 투자를 정당화할 수 있는 최소한의 수익률은 투자자본의 자본비용인데 실제 요구수익률이 자본비용과 같은 수준인가의 여부는 주로 시장의 경쟁여부에 의해 결정된다.

— 일반적으로 금융시장은 완전경쟁에 가깝기 때문에 금융투자의 실제수익률은 기회비용[1]만을 반영하는 데 비해서 실

---

1) 기회비용이란 투자자가 동등의 리스크를 가진(the equivalent-risk investments) 자본시장상품에서 얻을 수 있는 예상수익률(the expected rate of return)이다. 즉 주어진 위험수준하에서 투자자가 별 어려움 없이 달성할 수 있는 투자의 기대수익률을 투자자의 기회비용이라고 할 수 있고 이것이 투자자의 자본을 끌어 쓰는 기업의 입장에서는 투자자의 자본의 기회비용(The opportunity cost of capital) 또는 자본비용이 될 수 있다.

물시장은 완전경쟁에서 벗어나기 때문에 실물투자의 실제수익률은 자본의 기회비용을 초과하는 것이 일반적이다.

○ 인프라사업의 적정수익률은 기회비용에 프로젝트 리스크를 감안하고 자금의 회임기간이 장기간임에 따른 유동성 보상을 고려한다. 즉

□ 수익률 = 무위험이자율[2] + Risk Premium + 유동성보상률
= 무위험이자율 + Risk Premium(1)* + Risk Premium(2)** + 유동성보상률

* Risk Premium for current business risk of the investors

** Risk Premium for additional risk related to Project Undertaking

(3) 자기자본수익률(ROE)과 총투자수익률(ROI)

○ 자기자본수익률은 사업시행자가 동 사업에 자본투자에 대한 과실로서 얻는 이익을 자본투자액에 대한 비율로 표시한 것으로 사업시행자 입장에서의 투하자본에 대한 보상을 판단하기에 적합한 지표이다.

○ 총투자수익률은 자금제공자 전체에 대한 보상을 판단하는 지표로서 자기자본뿐만 아니라 타인자본 등을 포함한 총 투자액의 시각에서 투하자본에 대한 보상을 판단하기에 적합한 지표이다.

○ 공공투자사업의 재무성분석에서는 투자사업자의 입장에서 분석이 이루어지므로 총투자수익률이 타당한 개념이며 현재 민간투자사업에서도 총투자수익률(ROI)을 판단지표로 이용하기도 한다. 단, 보조적 자료로서 자기자본수익률을 분석하는 것도 바람직하다.

---

2) 무위험이자율은 돈의 시간가치를 반영하며 이는 소비를 미루는 것에 대한 보상 또는 소비를 앞당기는 데 대한 경제적 부담이라고 볼 수 있다.

III. 재무적 타당성분석의 현안

1. 재무적 타당성분석에 대한 경험 및 전반적인 이해의 부족

○ 과거처럼 공공재화의 공급을 국가가 독점적으로 공급하던 시기에는 재무성분석은 그다지 필요성이 없었으나 현재는 국가재정의 부족문제를 해결하고 민간의 참여를 통한 경쟁체제하에서 재화공급 및 운영의 효율성을 제고하기 위하여 민간참여에 대한 검토는 필수적인 사항으로 자리잡고 있다.

○ 민간투자사업 추진에 대한 의사결정과 재정지원의 기초 자료로서 재무적 타당성분석의 역할이 중요해지고 있으나 이에 대한 이해가 부족한 실정이다.

— 사업에 의해 얻을 수 있는 수익의 판단을 통하여 민간투자 가능성에 대한 분석을 실시하는 재무성분석이 적정하게 이루어질 경우 사회간접자본의 공급확대가 효과적으로 이루어질 수 있으며 전체적으로 재정부담의 경감을 가져올 수도 있다.

2. 전문성부족 및 형식적 실시

○ 재무성 평가는 재무 분석이론을 기초로 하고 있음. 현재 재무적 타당성분석은 기존 기술용역업체에서 전체 타당성 과업을 수행하면서 정확한 개념파악 없이 불충분하게 이루어지고 있기도 하다.

— 경제적 타당성 분석과 혼동하여 실시하고 있는 경우가 대부분이다.

○ 현재 재무적 타당성분석은 형식적으로 실시되고 있으며 분석

기관에 따라 상이한 분석이 이루어지고 있다.

— 분석 자료의 신뢰성 재검증에 많은 시간과 노력이 요구되며, 사업화단계에서 분석 기초자료의 미비 및 부정확성으로 분석의 신뢰성이 저해될 가능성이 있다.

3. 재무적 타당성의 기준 미정립

○ 분석을 위한 주요 가정에 대한 근거가 미약하고, 가정에 대한 명확한 설명 없이 단순히 그 수치결과만을 제시한 경우가 많다.

— 평가기간을 몇 년으로 할 것인지 할인율은 얼마로 할 것인지 기준연도(또는 기준시점)는 언제로 할 것인지에 대한 제시 없이 단순히 결과만 제시하는 경우가 많다.

IV. 재무적 타당성 평가의 실무기법

1. 기본가정 설정

(1) 사업 투자주체

○ 공공투자사업에 소요되는 자금조달은 사업을 위하여 별도 법인을 설립하는 경우와 기존의 법인이 사업주체가 되는 경우로 구분 가능하나 일반적으로 프로젝트 파이낸싱을 통한 자금조달을 고려하여 별도 법인을 설립하는 것으로 가정한다.

○ 민간사업자가 공공투자사업을 위해 별도법인을 설립하는 경우 자금조달은 사업시행자의 자기자본과 금융기관 등으로부터의 타인자본을 이용하게 되며, 사업에 따라서 국고보조금이나 정부 재정융자금 등으로 조달 가능하다.

(2) 재원조달

1) 일반적 방법

○ 재무이론에 바탕을 둔 현금흐름할인법(discounted cash flow method)을 이용하는 재무성 분석에서는 자금조달방법이 분석결과에 큰 영향을 미치지는 않지만, 현행 민간투자사업 분석의 경우 금융비용에 대한 법인세 효과를 현금흐름에 반영하므로 수익성 분석시 영향을 미치게 된다.

○ 또한, 적정 할인율을 산정하는 데 있어서 자기자본 및 타인자본의 비율 그리고 동원되는 자본의 조달방법 등에 대한 가정이 영향을 미치기 때문에 이들은 사전적으로 결정되어야 한다.

○ 실제로 민간투자사업에서의 조달가능재원과 재무타당성분석에서 고려하여야 할 재원은 분석목적에 따라 차이가 발생할 수 있다.

일단, 재무성 분석시에는 정부재정지원을 고려하지 않고 출자금과 부채 2가지만을 가정하여 분석한다.

- 분석결과, 재무적 타당성이 없는 경우 2단계로 부대사업, 개발이익환수 및 정부재정지원을 차례로 고려하여 재무성분석을 실시한다.
- 정부재정지원에 있어서도 재정지원 방법별로 또는 최소시설에 대한 정부시행(용지보상, 기본설계 등) 등을 고려하고 이후에 일정비율의 정부재정지원의 가정도 고려 가능하다.

○ 실제, 민간투자사업에 있어서는 사업시행자가 각자의 자기자본수익률을 검토하여 사업의 규모 및 레버리지효과를 고려하여 자기자본비율을 제시한다.

- 현행 민간투지사업에서는 주무관청이 시설사업기본계획(RFP: Request for Proposal)을 통하여 최소 자기자본비율을 규제하고 있다.

2) 재원조달원

① 자기자본(사업추진주체 출자금)

○ 사업추진주체 출자금이란 사업추진주체(Sponsor)가 사업시행자(Project Company)에게 자본금형태로 납입하는 것으로 현금출자가 일반적이다.

○ 지금까지 민간투자로 추진된 BTO(Build Transfer Operate: 건설-양도-운영)사업은 시설사업기본계획상 자기자본을 20% 이상을 요구하고 있으며, 최종 자기자본비율은 사업추진주체와 금융기관 간의 협상에 의하여 결정한다.

— BTL(Build Transfer Lease: 건설-양도-임대)사업의 경우 5~15%의 자기자본을 민간투자일반지침에서 가이드라인으로 제시한다.

○ 사업추진주체는 투자수익률의 제고를 위하여 낮은 자기자본비율을 원하며 금융기관은 사업의 안정성 제고를 위하여 높은 출자비율을 요구하는 것이 일반적이다.

○ 사업추진주체로 선정된 기업은 출자금을 기업자체의 내부유보자금이나 증자, 회사채발행 등 외부차입을 통해 조달한다.

② 타인자본

○ 가장 큰 재원조달원은 은행 차입금이며 이는 또한 원화차입금과 외화차입금으로 구분 가능하다.

○ 이와 별도로 현재로서는 미미하나 채권발행을 통한 자금조달도 가능하다.

| 표 4-2 | 타인자본 조달수단별 특징

재원조달수단	특 징
원화차입	• 경험 많은 국내 금융기관 중심 대규모 원화대출주선 • 인출 및 상환조건의 유연성 확보가능 • 금리수준 다소 높음
SOC 채권 발행	• 채권시장의 원활한 소화를 위해 신용보강 필요 • 일시 발행조건으로 유휴자금 발생, 자금운용상 손실 우려
외화차입	• 금리수준 다소 낮으나 환위험 해지(hedge)를 위한 추가비용발생 • 외화소요자금에 대한 조달수단으로 적합 • 국내·외 금융시장 상황을 고려하여 이용검토
해외채권 발행	• 국제적 투자적격 이상의 신용등급 요구됨. • 상당한 수준의 신용보강 필요 • 발행절차가 복잡함. • 국내·외 금융시장 상황을 고려하여 이용검토

③ 부대사업 수익금

○ 민간투자법에 따르면 투자비보전 및 정상적인 운영을 도모하기 위하여 부대사업을 인정하여 주고 있음. 일반적으로 부대사업의 수익금은 자금회수 가능시기를 고려하여 사업비의 자금조달원이나 운영기간 중의 영업수익금으로 포함된다.

— 따라서, 일차적 재무성분석에서 재무성이 없다고 판단될 경우 부대사업이 가능한 프로젝트인 경우에는 이를 포함하여 다시 재무성분석을 하는 것도 바람직하다.

④ 개발 분담금(개발이익환수)

○ 사회간접자본(SOC) 사업은 막대한 비용이 소요되고 또한 그에 대한 파급효과로 인한 경제적 이익을 얻게 되는 사람들이 다수 발생하게 되는바, 건설비용 중 일부를 개발이익을 직접 향유하는 택지개발사업의 시행자에게 분담시킬 수 있는 경우, 재

무적 타당성 조정시 재원으로 고려하여 분석, 평가가 실시 가능하다.

⑤ 국고 및 지자체 보조금

○ 경제적 타당성은 있으나 재무적 타당성이 낮은 사업의 경우, 어느 정도 정부의 재정지원이 가능하다고 판단되는 경우에는 이를 고려하여 재무성분석을 실시하는 것도 필요하다.

— 구체적 지원방식은 건설자금에 대한 보조금 지급, 운영기간 중의 보조금 지급, 장기 대부금지원 및 지급보증 제공 등 다양하다.

— 재무적 타당성분석에 있어서는 정부가 시행자에게 보조금을 지급하는 것으로 단순화하여 분석하는 방법도 무방하다.

3) 차입금상환계획

○ 일반적으로 차입금 조달은 전액 자기자본이 투입된 후에 이루어지는 것으로 상정한다.

○ 한편, 차입금의 상환은 사업의 특성을 반영하여 이루어져야 한다. 즉 사업의 성격에 따라 수입 및 비용의 지출시기가 다를 것이므로, 연도별 균등상환이 아닌 DSCR(Debt Service Coverage Ratio)[3]을 일정수준(예: 누적기준 1.2) 이상 맞추도록 차입금상환 계획을 수립한다.

---

3) 대출가능성(Bank-ability)을 판단하는 척도로서 Lenders에게 가장 중요한 지표로서는 프로젝트 Cash Flow의 부채상환능력을 나타내는 DSCR(Debt Service Coverage Ratio)이 있다(이와 함께 Sponsor의 해당 사업에 대한 Committment도 정성적으로 판단). DSCR이란 영업활동으로 인한 현금흐름과 원리금상환의 배수로서 상환 전(全)기간을 통하여 측정하게 된다. DSCR = (영업활동으로 조달된 현금흐름)/(대출원리금 상환예정액)

(3) 분석 기준연도, 분석기간 및 공정률

1) 분석기준연도

○ 재무분석에서 적용되고 있는 분석방법 중 순현재가치(NPV)는 수익과 비용을 동일한 시점을 기준으로 할인하여 금전적으로 분석하는 방법이고, 내부수익률(IRR)은 사업 전(全)기간의 수익률을 분석하는 방법이다. 이러한 분석방법을 적용하여 사업별 비교를 위해서는 비교대상사업의 가격산정 기준시점을 결정하여야 한다.

○ 예비타당성조사에서 분석기준연도는 경제성 분석에서와 마찬가지로 분석이 의뢰된 전년도말을 기준으로 선택한다.

— 따라서, 실무적으로 비교대상사업의 분석기준일은 해당사업이 의뢰된 연도의 기초시점을 적용한다.

2) 분석기간

○ 분석기간은 건설기간 및 운영기간으로 구성된다.

— 분석기간은 사업의 경제적 수명 내에 발생하는 모든 수입과 비용을 고려하여야 하나 경제적 수명의 명확한 설정에 어려움이 있다. 수요량 예측의 제약, 실질적 사업성분석의 기간을 감안 한정된 기간을 설정하여 평가하기도 한다.

① 건설기간

○ 건설의 경우 외부적인 환경에 영향을 상당히 많이 받으므로 사업 내의 개별 시설별로 적용연수를 산정하는 것은 오히려 왜곡된 결과를 초래할 수 있으므로 개별 사업별로 연수를 제시하는 것이 바람직하다.

○ 따라서, 사업별 내용연수를 적용하는 것을 원칙으로 하며, 사업별 건설기간은 경제성 분석에서 사용된 동일기간을 적용한다.

② 운영기간(분석기간)

○ 재무성 분석은 민간자본 유치가능성을 평가하는 것이므로 동일사업별로 민간자본유치 우선순위를 평가하기 위해서는 적용 가능한 최장의 기간을 일률적으로 적용하는 것이 합리적이다.

○ 현행 민간투자사업에서는 50년 내에서 무상 사용기간(BOO의 경우에는 분석기간)을 산정하여 자율제시토록 하고 있다.

○ 그러나, 무상사용기간이 장기간인 경우에는 미래예측에 따른 사업의 불확실성과 운영기간 중의 재투자(대수선)로 인하여 위험이 증가하므로 사업시행자 및 정부의 부담이 급격히 증가할 수 있다.

○ 실제적으로는 사업특성별로 장비 및 주요시설의 내용연수 및 금액비중을 파악하고 이 가운데 금액적인 중요성이 높은 시설의 내용연수를 기준으로 하여 산출 가능하다.

— 도로의 경우 재포장 작업이 보통 15년 단위로 이루어지는바, 30년 정도의 무상사용기간이 적당할 것으로 판단되며, 철도 역시 도로와의 비교가능성을 위하여 30년으로 한정되고,

— 항만의 경우 주요 부두시설 중 하나인 안벽의 내용연수 50년을 무상사용기간으로 정하는 것이 적정할 것으로 판단되며,

— 공항의 경우 개별시설별로 차이가 있겠으나 현재까지의 민자유치사업에서 대개 20년을 적용하였는바, 20년을 무상사용기간으로 정하는 것이 적정할 것으로 판단되며,

— 복합화물터미널의 경우는 BOO방식을 적용하면서 잔존가치를 고려할 경우, 공항시설과 비슷하게 20년 정도로 분석기간을 정하는 것이 적정할 것으로 판단된다.

3) 공 정 률

○ 예비타당성조사의 경우, 분석기간 동안의 공정률에 대해 용지보상비를 기초로 사업 초기연도 2년도에 각각 30%, 70%의 비율로 나누어 지출 가정하도록 하며, 사업비의 연차적 지출의 경우는 예를 들어, 5년 공사의 경우 5%, 15%, 25%, 30%, 20%의 공정률에 의한다.

○ 공정률을 뒤로 미룰수록 현재가치로 환산한 비용가치가 낮게 평가되어 사업성이 유리하게 나타나게 된다.

(4) 제세공과금 및 이자율

1) 제세공과금

○ 경제성 분석에서 제세공과금은 한 곳에서 다른 곳으로 이전하는 이전지출로 인식하므로 분석에 포함하지 않는 반면, 재무성 분석에서는 취득세, 등록세, 법인세 등 제세공과금은 사업주체 입장에서 확실한 현금유출이므로 분석에 포함한다.

2) 이 자 율

○ 일반적으로 타인자본비용은 기준금리에 사업별 위험도를 반영하여 금융기관이 결정하게 되나 현행 민간투자사업에서는 사업별 위험에 대한 정확한 기준이 없으며 사업마다 상이한 타인자본비용이 적용되고 있다.

○ 민간투자법에 의한 민간투자사업은 2005년 기본계획을 통하여 세전수익률을 기준으로 변경됨에 따라 이자율에 따른 법인세 효과는 제거되었다. 따라서 현재 이자율은 예비타당성 분석상 재무성분석 및 민간투자사업의 수익률 결정에 있어 영향을 미치게 된다.

○ 차입금에 대한 이자비용 산출시 적용해야 할 금리는 장기예측 이자율보다 현재 시장에서 형성되는 실세 금리를 적용하는 것

이 바람직하다.

— 실제로 체결되는 차입이자율: 기준금리에 위험프리미엄 약 1.0~2.0% 정도를 더하여 결정한다(교통시설 기준).

— 그러나, 민간투자사업의 성격상 장기간의 차입으로 인하여 이자율 변동위험을 추가로 반영하여 재무모델에 반영하기도 한다.

(5) 부대사업

○ 사업시행자가 해당 사업뿐만 아니라 부대사업을 같이 시행할 경우 부대사업과 관련한 비용 및 수입도 재무성 분석에 포함한다.

— 부대사업이라고 함은 해당 사업과 직접적인 연관성이 높은 부대시설 사업만을 말하며, 상가분양 등과 같이 해당 사업의 성격과 직접 연관성이 거의 없는 부차적인 부대사업은 제외한다.

— 예비타당성조사의 재무성 분석에서 검토될 수 있는 부대사업이란 해당 사업을 정부가 직접 실행할 때 직접 수행가능한 부대사업에 국한한다.

○ 민간투자사업에서 부대사업은 일반적으로 사용료를 적정수준으로 유지하거나 본사업의 수익성 제고를 위하여 사업시행자가 민간투자법에서 열거하고 있는 사업 중에서 자율적으로 제시한다.

— 부대사업의 투자비는 당해 민간투자사업비의 범위 이내이어야 하며, 해당 부대사업의 추진으로 국민 경제적 편익의 증대 및 본사업의 사업성 향상에 기여해야 하고, 해당 민간투자사업 시행지역과 지리적으로 근접한 지역에서 시행하여야 한다.

○ 부대사업으로 검토될 수 있는 사례로는 도로사업의 경우 직접

적으로 연관되는 항목인 광고시설 순수입 및 편의시설 임대 순수입 등을 고려할 수 있으며, 철도사업의 경우는 차량 및 역사 내 광고나 자판기 수입으로 인한 운임외 수입 등을 고려 가능하다.

(6) 물가상승률

○ 현행 민간투자사업에서는 대상시설에 대한 구분 없이 물가상승률을 자율 제시하는 것을 원칙으로 하며, 최근까지의 대부분의 사업에서는 4~5%를 적용하였다.

○ 그러나, 우리나라의 민간투자사업은 재원조달을 제외한 모든 계약조건이 불변가격에 기초한다는 점에서 물가상승률의 역할은 거의 없다고 할 수 있다.

○ 한편 물가상승과 관련된 위험(risk)은 대부분 정부가 부담하고 있다.

— 건설기간과 운영기간의 물가상승은 사용료에 반영된다.

(7) 할인율(수익률)

1) 예비타당성 일반지침에서의 재무적 할인율

○ 재무성 분석에서 대상사업에서 기대되는 현금흐름의 현재가치를 계산하기 위해 추정된 현금흐름을 적정수준의 재무적 할인율로 할인한다.

○ 이때, 사용되는 적절한 할인율은 가중평균자본비용(Weighted Average Capital Cost; WACC)으로서 각 자금조달 원천별(자기자본, 타인자본) 자본비용을 자금의 구성비에 의하여 가중평균하여 적용한다.

$$r_0 = [(1-T)\times r_b \times L] + [r_s \times (1-L)]$$

r_0: 가중평균자본비용

r_b: 타인자본비용(=부채의 자본비용)

r_s: 자기자본비용(=주식의 자본비용)

T: 법인세율

L: 타인자본가치 ÷ 총자본가치

— 명목 가중평균자본비용은 9.1%로 산출

○ 예비타당성조사 재무성 분석에서는 아래의 도출된 값의 근사치인 6%를 실질 재무적 할인율로 사용한다.

— 명목 할인율(r)과 실질 할인율(r^*)의 관계는 아래 식과 같다.

$$r^* = (1+r) \div (1 + \text{기대물가상승률}) - 1$$
$$= (1.091 \div 1.03) - 1 = 5.9\%$$

— 기대물가상승률 3% 가정

○ 상기 할인율은 여러 가지 가정에 근거하여 도출된 값이므로 사업의 특성과 경제상황의 변동에 따라 그 적용치가 상이할 수 있다.

2) 민간투자사업의 수익률 결정

○ 민간투자사업 기본계획에 의하면 수익률은 민간사업자가 자율제시하되, 다음 사항을 고려하여 결정할 수 있다고 되어 있다.

— 해당 시설에 대한 국내외 금융기관의 평균적인 대출금리수준

— 사업의 종류, 사업규모, 운영수입의 안정성, 부대사업수익, 정부의 위험분담 정도 등 당해 사업의 특성과 사업시행에 따라 예상되는 위험정도(Risk)를 감안한 위험보상률(Risk Premium)

— 국내외 유사 민간투자 사업의 수익률 수준
— 주무관청의 운영수입보장 유무 및 수준

○ 민간투자사업에 적용하고 있는 수익률은 2005년 민간투자법 기본계획의 변경에 따라 세후수익률에서 세전수익률로 전환되었다.
— 세후수익률 개념을 사용하는 예비타당성조사와 상이하다.

○ 세전수익률의 경우 세금효과를 고려하지 않은 수익률로서 동일한 투자수익을 보장하기 위해서는 세후수익률보다 높아야 한다.

2. 재무적 타당성 분석기법

○ 재무분석 방법에는 기업 및 사업의 특정시점의 재무상태를 평가하는 정태적인 분석과 특정기간의 성과를 평가하는 동태적인 분석이 있으며 민간투자사업의 경우 사업에 대하여 특정기간에 대한 성과를 평가하는 것이므로 동태적인 분석이 적합하다.

○ 동태적인 분석에서는 기간의 성과를 나타내는 측정치인 영업이익, 당기순이익, 현금흐름 등을 기준으로 평가하는 방법이 있는데, 일반적으로 다음의 조건을 모두 충족시키는 방법이 가장 합리적인 방법이라고 할 수 있다.
— 모든 현금흐름이 적절하게 고려되어야 한다.
— 투자된 자본의 기회비용(할인율)으로 할인된 화폐의 시간가치를 고려하여야 한다.
— 상호배타적인 복수의 투자안 중에서 투자자의 투자가치를 극대화하는 투자안을 선택하여야 한다.
— 각 투자안은 다른 투자안과 독립적으로 평가되어야 한다.

(1) 회수기간법

○ 투자된 총투자비용을 영업활동으로부터의 현금유입으로 회수해 가는 데 소요되는 기간을 이용한 투자안 평가법이다.

— 사업시행자는 절사기간(Cut-off point)을 선택한다.

— 절사기간보다 짧은 회수기간을 갖는 투자안은 채택하고, 반대의 경우는 기각한다.

— 이 방법의 특징은 유동성을 강조함에 있다.

장　　점	단　　점
– 이해하기 쉽다 – 투자후기의 예상현금흐름이 매우 불확실한 경우	– 화폐의 시간가치를 무시 – 투자안의 수익성(내용연수)을 무시

○ 회수기간법은 회수기간 이후의 현금흐름을 고려하지 않으며 회수기간 이전의 현금흐름을 고려하지만 할인하지는 않으므로 현금흐름법과 서로 다른 결과를 가져올 수 있다.

〈예제〉 아래 투자의 회수기간을 계산하고 문제점 및 이에 대한 대안은?

연　도	0	1	2	3
현금흐름	–1,000	300	400	600

○ 초기연도에 1,000만큼을 투자(–1,000)하고, 첫해에는 300만큼 회수하고(+300), 둘째 해에는 400만큼 회수하여 두 해 동안 총 700을 회수하여 이제 미회수 금액은 300이다. 세 번째 해의 절반정도가 지나면 300을 회수할 수 있으므로 회수기간은 2.5년이다.

○ 상기 방법이 간단하고 이해하기는 쉽지만 현재가치를 전혀 반영하고 있지 못하기 때문에 변형된 방법인 할인 회수기간법의

사용이 가능하다.

— 1년차 현금을 300/(1+r)과 같이 현재가치화하여 회수기간법을 적용하는 것도 가능하다.

(2) 발생주의 회계이익률법

○ 회계적으로 측정된 이익을 회계적 투자액으로 나누고 회계적 수익률을 이용하여 투자안을 평가하는 방법이다.

○ 발생주의 회계이익률법의 장점

— 영업이익과 필요투자액을 계산하는 발생주의 회계모형에 부합된다.

— 단순하고 이해하기 쉽다.

— 수익성을 고려한다.

○ 단점은 화폐의 시간가치를 무시한다는 점이다.

— 성과평가에 발생주의 회계모형을 사용하면 투자예산결정에 현금흐름할인모형의 사용을 방해한다.

— 의사결정과정에서 사용된 기법이 성과평가과정에서도 동일하게 적용될 필요가 있다.

(3) 현금흐름할인법

○ 사업의 재무적 타당성 평가를 위해서 재무성 분석을 위해 현금흐름할인법이 가장 널리 사용된다.

— 미래의 현금흐름을 예측한 후 가중평균자본비용(Weighted Average Cost of Capital; WACC) 등으로 대변되는 자본의 기회비용으로 할인한 현재가치를 산정하여 평가하는 방법이다.

○ 투자안의 현금유출과 현금유입을 특정시점의 화폐가치로 할인하여 투자안의 현금흐름을 평가하는 방법이다.

— 투자사업으로부터 장래의 특정사업기간에 발생할 모든 수익과 모든 비용을 비교하여 계획사업의 순이익 발생여부를

검토할 목적으로 분석한다.

— 여기서의 투자수익은 순화폐단위로 측정될 이윤, 편익, 만족 및 기타 사업효과를 의미한다.

— 시간의 경과에 따른 화폐의 미래가치를 계산하기 위해 복리개념을 적용한다.

○ 현금흐름할인법의 주요 방법 및 지표

— 순현재가치법(NPV)

— 내부수익률법(IRR)

— 수익/비용비율(B/C Ratio)

1) 순현재가치(NPV) 분석방법

○ 투자안으로부터 예상되는 순화폐이득이나 손실을 계산하는 현금흐름할인법으로서 요구수익률을 사용하여 모든 예상되는 미래의 현금유입과 현금유출을 현재시점으로 할인하여 계산하는 방법이다.

— 모든 조건이 동일하다면, 순현재가치가 높은 투자안이 순현재가치가 낮은 투자안보다 더 좋은 투자안이다.

○ 순현재가치(Net Present Value)는 현재가치로 환산된 장래의 연도별 수입의 합계에서 현재가치로 환산된 장래의 연도별 비용의 합계를 뺀 값이다.

$$\text{순현재가치}(NPV) = \sum_{t=0}^{n} \frac{B_t}{(1+r)^t} - \sum_{t=0}^{n} \frac{C_t}{(1+r)^t}$$

$$= (B_0 - C_0) + \frac{(B_1 - C_1)}{(1+r)^1} + \frac{(B_2 - C_2)}{(1+r)^2} + \ldots + \frac{(B_n - C_n)}{(1+r)^n}$$

Bt = t년도의 편익 또는 수익

Ct = t년도의 비용

r = 이자율(할인율)

n = 사업기간(분석기간)

○ 분석방법 적용상의 제약
— 적합한 할인율(자본의 기회비용)의 산출이 가장 큰 관건이다.

○ 일반적으로
— NPV가 정(正)의 수치인 경우 사업승인이 가능하다.
— 다수의 대안이 존재할 경우 NPV가 가장 높은 사업에 최우선순위를 부여한다.
— 정(正)의 NPV는 자본비용을 회수하고서도 잉여가 발생한다는 것을 의미하기 때문에, 사용한 할인율이 자본비용을 정확히 반영한다면 NPV가 정(正)인 모든 투자사업은 수행가치가 있는 것으로 판단가능하다.

2) 내부수익률(IRR) 분석방법

○ 투자안의 예상 현금유입액의 현재가치를 예상 현금유출액의 현재가치와 일치시키는 이자율을 이용한 투자안 평가법이다.

○ 내부수익률(Internal Rate of Return)은 수익과 비용의 현재가치 합계가 같아지는 할인율이다.
— 이는 비용(건설비, 운영비 등)을 사업기간 내에 회수해가면서 동시에 수익을 창출하는 비용의 가득력을 의미한다.

○ 재무성분석에서는 수입과 비용의 현재가치의 합이 같아지는 할인율이 재무적 기회비용(financial opportunity cost 또는 재무적 할인율)보다 높으면 사업의 수익성이 있다고 보는 기준이다.

○ 다음과 같은 관계를 성립시키는 할인율(r)이 내부수익률이다.

$$\sum_{t=0}^{n} \frac{B_t}{(1+r)^t} = \sum_{t=0}^{n} \frac{C_t}{(1+r)^t}$$

$$\sum_{t=0}^{n} \frac{B_t}{(1+r)^t} = B_0 + \frac{B_1}{(1+r)^1} + \frac{B_2}{(1+r)^2} + \dots + \frac{B_n}{(1+r)^n}$$

$$\sum_{t=0}^{n}\frac{C_t}{(1+r)^t}=C_0+\frac{C_1}{(1+r)^1}+\frac{C_2}{(1+r)^2}+\ldots+\frac{C_n}{(1+r)^n}$$

○ 분석방법의 제약

— 어느 수준의 내부수익률이 가장 적합한 투자수익률인가에 관한 분명한 해답을 내리지는 못한다.

— 일련의 현금흐름(flow)상에 변화(+에서 －로)가 발생할 경우 한 개 이상의 IRR이 나올 수 있으므로 판단이 어려워진다.

예) 최초의 투자 이후 사업기간 중 추가투자가 일어난 경우 이와 같은 결과를 초래할 수 있다.

○ 일반적으로

— IRR은 사업 수익성 또는 채산성의 판단기준으로 사용 가능하다.

— NPV의 대소는 투자사업평가의 기본적인 기준이 될 수 있으나 비교할 만한 대안투자사업이 없거나, 예산제약이 없을 때는 IRR이 유용하다.

○ 순현재가치법과 내부수익률의 비교: 순현재가치법의 장점

— 계산의 최종결과가 비율이 아닌 화폐단위라는 점

— 개별적인 투자안의 순현재가치 합산이 가능하고 투자안들을 결합한 결과에 대한 예측이 가능한 점

— 투자안의 요구수익률이 매년 변동하는 경우에도 사용가능

— NPV법은 항상 유일한 해답만이 존재. 그러나 IRR은 복수해(解)가 존재가능

3) 수익대비 비용비율(Benefit/Cost Ratio 또는 수익성 지수) 분석방법

○ 수익대비 비용비는 수익을 비용으로 나눈 비율의 결과가 가장 큰 대안을 선택하는 방법으로 현재가치로 환산된 수익대비 비용비로 나타낸다.

— 수익대비 비용비 = 수익의 현재가치/비용의 현재가치

○ 투자사업의 전(全)기간에 걸친 총수익과 총비용을 적절한 이자율로 할인한 금액의 비율이다.

○ 분석방법의 제약

— 다양한 사업간 상대적 수익의 척도로는 불충분하다.

— 계산된 비율은 추상화된 비율이며, 상대적 타당성에 대한 절대적 척도는 아니다.

— 수익과 비용항목의 구분여하에 따라 비율이 상이하게 나타나기 때문에 평가기준의 신뢰성이 저하된다.

○ 일반적으로

— B/C Ratio ≥ 1이면 수익이 발생하는 것으로 평가한다.

— 상이한 사업이 존재할 경우 B/C Ratio의 값이 클수록 유리하다.

V. 비용 · 수입의 추정과 타당성 분석

1. 비용과 수입의 추정

(1) 현금흐름

1) 현금흐름(Free Cash Flow)의 정의

○ 재무성 분석을 위한 현금흐름은 잉여현금흐름(Free Cash Flow)을 기준으로 하며 다음과 같이 산정할 수 있다.

□ 잉여현금흐름(FCF) = 영업현금흐름 − 자본지출 − 추가운전자본

= 영업이익 × (1 − 법인세율) + 감가상각비 − 자본지출 − 추가운전자본

○ 모든 현금흐름은 재무성 분석을 위하여 불변가격으로 추정하

거나 환산하고, 불변가격으로 추정된 현금흐름은 실질 할인율로 할인한다.

2) 현금흐름 추정의 일반원칙

○ 투자사업과 관련되는 모든 사업의 현금흐름을 동시에 감안한다.
 — 예를 들어, 부대사업의 비용과 수입, 환경부담금 등도 투자사업과 관련하여 발생하는 현금흐름이므로 재무성 분석을 위한 현금흐름의 추정에 포함하여야 한다.
 — 민간투자사업에서는 부대사업을 순수익으로 처리한다.

○ 매몰비용(sunk costs)은 감안하지 않는다.
 — 매몰비용은 투자사업의 시행여부와 관계없이 이미 발생한 비용이므로 투자사업의 재무성 분석에 포함하지 않는다.

○ 기존 설비 및 토지·건물의 사용 등 기회비용을 감안한다.
 — 기존설비 및 토지·건물 등이 당해 투자사업이 아닌 다른 대안적 목적을 위해 사용되었을 시 발생 가능한 현금흐름은 위의 자산을 당해 투자사업에 사용함으로써 잃게 되는 현금흐름이기 때문에 분석하고자 하는 투자사업의 기회비용(opportunity cost)으로 고려해야 한다.

○ 경비배분을 감안한다.

(2) 수입 추정

1) 운영수입

○ 운영수입은 경제성 분석시 편익항목에 포함되는 운영자 수입 추정치를 활용한다. 그러나 고속도로 사업의 경우와 같이 경제성 분석과 재무성 분석의 운영자 수입이 다를 수 있기 때문에 이를 유의하여 산출하여야 한다.

○ 즉, 경제성 분석의 운영자 수입은 평가대상이 되는 해당 도로

및 철도 노선뿐 아니라 설정된 영향권 내의 모든 유료도로 및 철도를 대상으로 사업 시행 전과 후의 운영자 수입의 차이이다. 따라서 이 수치를 재무성 분석에 그대로 적용할 경우 해당 노선의 운영수입 규모를 과대 추정할 가능성이 있다.

— 그러므로 재무성 분석을 위해서는 경제성 분석결과 추정되는 운영자 수입 중 조사대상 사업구간의 운영자 수입만을 반영해야 한다.

2) 기타 수입

○ 기타수입으로는 부대사업과 부속사업으로부터의 현금흐름이 있을 수 있으나 단순화를 위하여 부대사업 및 부속사업 중 필수불가결한 사업만을 감안한다.

— 즉, 확실하게 예상되는 부대수입이 있을 경우 합리적인 추정방법에 의해 계산하여 기타수입 항목으로 포함한다.

(3) 비용 및 현금유출 추정

1) 총사업비

○ 총사업비는 해당시설의 신증설 또는 개량에 소요되는 경비로서 총 투자비에 포함되는 항목으로는 조사비, 설계비, 감리비, 공사비, 보상비, 부대비, 운영설비비, 제세공과금, 영업준비금 등이 있다.

— 조사비: 사업시행을 위한 측량비, 기타 조사비(엔지니어링 기술진흥법 제10조 규정에 의한 엔지니어링사업 대가의 기준에 의함)

— 설계비: 공사의 시행을 위한 설계에 소요되는 비용(엔지니어링 기술진흥법 제10조 규정에 의한 엔지니어링사업 대가의 기준 또는 건축사법 제19조3 규정에 의한 대가기준에 의함)

— 공사비: 공사의 시행을 위한 재료비, 노무비, 경비, 일반관리비 및 이윤의 합계액[국가를 당사자로 하는 계약에 관한 법

률시행령 제9조의 규정에 의한 예정가격결정기준과 정부표준품셈 및 단가(정부고시가격이 있는 경우에는 그 가격을 의미함)에 의한다].

— 보상비: 공사의 시행을 위하여 지급되는 토지매입비(건물 및 입목 등의 매입비를 포함) 및 이주대책비와 영업권, 어업권 및 광업권 등의 권리에 대한 보상비

— 부대비: 사업시행과 관련한 사업타당성 분석비, 환경영향평가비, 교통영향평가비, 공사보험료, 사업이행보증보험료, 감리비 및 재원조달을 위한 금융부대비용(financial advisory fee 포함)

— 운영설비비: 시설의 운영을 위하여 최초로 투입하는 장비, 설비 및 기자재의 가액

— 제세공과금: 공사의 시행, 준공, 등기 및 소유권 이전과 관련한 취득세, 등록세, 부가가치세 등 일체의 세금 및 공과금과 기타 법률에 의하여 부과되는 각종 부담금

— 영업준비금: 시설의 운영을 준비하기 위하여 필요한 민간투자 사업법인의 창업비, 개업비 등 필수경비

○ 재무성 분석에 있어서의 총사업비는 경제성분석의 총사업비와 차이가 발생하게 된다. 이는 민간사업자로서 추가적으로 부담해야 할 각종 세금 및 보험료가 포함되기 때문이다.

2) 운 영 비

○ 운영비용은 크게 인건비, 유지보수비, 보험료, 기타 경비 및 제세공과금으로 구분할 수 있다.

○ 총사업비 추정에서와 마찬가지로 운영기간 중 발생하는 이자비용은 현금흐름추정에 포함시키지 않는다.

— 감가상각비 역시 시설사용기간 동안의 총사업비 회수분에 의해 보전되므로 운영비용 항목으로서 별도로 계상하지 않

는다.

◎ 추정방법

○ 인건비: 시설별 소요인원을 분석하고 분석시점에 연봉을 제시하여야 한다. 그러나 개별 시설별 소요인원은 표준화할 수 없을 정도로 다양하다. 따라서 운영기간 중 1인당 평균 연봉으로 산정 가능하다.

| 표 4-3 | 운영기간 중 평균연봉

구 분	A사업	B사업	C사업	D사업	E사업
연평균 인건비	2,996백만원	538백만원	1,552백만원	692백만원	1,746백만원
연평균 인원	37명	9명	9명	5명	15명
1인당 급여수준	26백만원	15백만원	17백만원	17백만원	22백만원

○ 유지보수비: 경제성 분석에서 사용된 운영기간 및 운영설비 대체기간을 고려한 시설별 유지보수비를 적용한다.

○ 보험료: 가입대상보험을 기술하고 보험가입금액을 산정하여 적용한다.

○ 기타 경비: 보험료를 제외한 해당시설별 인건비 대비 경비비율 30%를 적용하여 산정한다.

○ 제세공과금: 법인세 등은 손익계산서상에서 산출되는 금액을 적용하며 기타 제세공과금은 기타경비에 포함한다.

3) 사업비 지출순서 및 부채상환 스케줄

○ 사업비 지출 순서는 자기자본이 모두 투입된 후 타인자본을 사용하는 것으로 하며 정부 보조금이 있을 경우에는 '자기자본→정부보조금→타인자본'의 순으로 지출하는 것으로 가정한다.

○ 부채상환 스케줄은 이자수입 및 비용에 대한 법인세 효과로

나타날 수 있으나 이것이 전체적인 재무적 타당성 분석에 미치는 영향은 미미하다고 볼 수 있으므로 특별히 고려하지 않는다. 계산의 편의를 위해 기말에 순 현금유입으로 부채를 상환하는 것으로 상정한다.

| 표 4-4 | 총사업비 및 총투자비 내역표 예시

구 분	계	1차연도	2차연도	n차연도
조 사 비				
설 계 비				
공 사 비				
보 상 비				
부 대 비				
운영설비비				
제세공과금				
영업준비금				
총사업비				
예비비				
건설이자				
총투자비				

2. 재무성 분석표의 작성

○ 재무성 분석표에는 수익성 분석표(불변현금흐름표), 현금흐름표, 손익계산서 및 대차대조표가 포함된다.

○ 수익성 분석표는 불변가격 기준으로 작성하며 이외의 자료는 경상가격 기준으로 작성한다.

○ 재무성 분석표가 작성되면 분석시점의 수입과 비용의 현재가치를 계산하여 수익성 지수(PI)와 순현재가치(FNPV), 내부수익률(FIRR), 회수기간(PB) 등을 분석한다.

(1) 수익성 분석표 작성

○ 수입항목은 운영수입과 부속사업 혹은 부대사업에서 발생하는 기타수입으로 구성된다.

[예시 1] 도로사업

— 운영수입으로는 통행료 수입을 계상하며, 각 연도의 구간별로 추정된 통행수단별 교통량, 구간길이와 통행수단별 km당 요금을 곱하여 산정한다.

— 도로공사가 시행하는 경우와 민간사업자가 시행하는 경우의 요율 수준 차이 및 이로 인한 교통량 차이를 반영한다.

— 부대수입으로는 광고시설 및 편의시설 임대 수입 등을 고려한다.

[예시 2] 철도사업

— 철도사업의 경우 순승차인원에서 무임승차 인원을 제외한 후 요금(구간평균운임 등)을 곱하여 산정한다.

○ 비용 항목은 건설비와 운영비(유지보수비+판매비와 일반관리비)로 구분되는데 이는 경제성 분석에서 얻은 값을 이용한다.

— 건설비(총투자비 내역서상의 조사비, 설계비, 공사비, 보상비, 부대비, 운영설비비, 제세공과금, 영업준비금을 합한 값)는 경제성 분석에서 적용한 공정률에 따라 공사기간 동안 배분하여 입력한다.

— 유지보수비는 경제성 분석에서 구한 값을 입력하고, 경제성 분석에서 유지보수비 외에 판매비와 관리비 등도 고려하여 운영비를 산정한 경우 비용항목을 구분하지 않고 운영비로 통일하여 하나의 항목으로 사용한다.

— 운영수입에서 부대사업 등 기타수입을 고려할 경우 이에 대한 운영비용도 산정한다.

— 기타 사업의 특성에 따른 추가비용 및 재투자비용을 반영한다.

| 표 4-5 | 수익성분석표의 사업별 운영수입과 운영비 주요항목

부 문	운영수입 항목	운영비(매출원가 포함) 항목
도로사업	통행료 수입	도로유지보수비
철도사업	요금 수입	운영사업원가
항만사업	항만시설에 대한 사용료 또는 하역서비스에 대한 사용료	하역장비운영비 또는 시설의 유지보수비
임대사업	임대수입	시설관리비용 등

| 표 4-6 | 수익성 분석표 예시

<table>
<tr><th colspan="2" rowspan="3">연 도</th><th colspan="5">수 입</th><th colspan="5">비 용</th><th rowspan="3">현재가치계</th></tr>
<tr><th rowspan="2">보조금</th><th rowspan="2">운영수입</th><th rowspan="2">기타수입</th><th colspan="2">합 계</th><th rowspan="2">건설비</th><th rowspan="2">운영비</th><th rowspan="2">법인세</th><th colspan="2">합 계</th></tr>
<tr><th>할인전</th><th>할인후</th><th>할인전</th><th>할인후</th></tr>
<tr><td>2005</td><td>공사 1차</td><td></td><td></td><td></td><td></td><td></td><td></td><td></td><td></td><td></td><td></td><td></td></tr>
<tr><td>2006</td><td>2차</td><td></td><td></td><td></td><td></td><td></td><td></td><td></td><td></td><td></td><td></td><td></td></tr>
<tr><td>2007</td><td>3차</td><td></td><td></td><td></td><td></td><td></td><td></td><td></td><td></td><td></td><td></td><td></td></tr>
<tr><td>2008</td><td>4차</td><td></td><td></td><td></td><td></td><td></td><td></td><td></td><td></td><td></td><td></td><td></td></tr>
<tr><td>2009</td><td>5차</td><td></td><td></td><td></td><td></td><td></td><td></td><td></td><td></td><td></td><td></td><td></td></tr>
<tr><td>2010</td><td>운영 1차</td><td></td><td></td><td></td><td></td><td></td><td></td><td></td><td></td><td></td><td></td><td></td></tr>
<tr><td>2011</td><td>2차</td><td></td><td></td><td></td><td></td><td></td><td></td><td></td><td></td><td></td><td></td><td></td></tr>
<tr><td>2012</td><td>3차</td><td></td><td></td><td></td><td></td><td></td><td></td><td></td><td></td><td></td><td></td><td></td></tr>
<tr><td>⋮</td><td>⋮</td><td></td><td></td><td></td><td></td><td></td><td></td><td></td><td></td><td></td><td></td><td></td></tr>
<tr><td>2038</td><td>29차</td><td></td><td></td><td></td><td></td><td></td><td></td><td></td><td></td><td></td><td></td><td></td></tr>
<tr><td>2039</td><td>30차</td><td></td><td></td><td></td><td></td><td></td><td></td><td></td><td></td><td></td><td></td><td></td></tr>
<tr><td colspan="2">합 계</td><td></td><td></td><td></td><td></td><td></td><td></td><td></td><td></td><td></td><td></td><td></td></tr>
</table>

(2) 손익계산서 작성

○ 손익계산서상의 매출액, 매출원가 중 유지보수비, 판매비와 일반관리비는 수익성 분석표의 해당 항목에 물가상승률을 반영한다.

○ 이자수입 및 지급이자는 현금흐름표의 해당 값과 동일하다. "(영업활동으로 인한 현금흐름) + (투자활동으로 인한 현금흐름) + (재무활동으로 인한 현금유입액) − (재무활동으로 인한 현금유출액 중 배당금지급)"에서 차입금상환액을 차감한 금액이 이자수입의 기본이 된다.

| 표 4-7 | 추정 손익계산서 작성예시

구 분	운 영 기 간										합계
	2012	2013	2014	2015	2016	…	2038	2039	2040	2041	
	1차	2차	3차	4차	5차	…	27차	28차	29차	30차	
매출액(A=B+C)											
운영수입(B)											
기타수입(C)											
매출원가(D=E+F)											
운영권 상각비(E)											
유지보수비(F)											
매출총이익(H=A-D)											
판관비(I)											
영업이익(J−H I)											
이자수입(K)											
지급이자(L)											
경상이익(M=J+K-L)											
법인세(N)											
당기순이익(O=M-N)											

— 현재 3년만기 국채수익률 등을 감안하여 연 4%의 수취이자율을 사용한다.

○ 지급이자는 현금흐름표에서 얻은 이자지급액과 동일하다.

— 현재 차입금에 대한 지급이자율은 연 6%를 적용한다.

○ 법인세는 시행예정인 법인세율을 적용한다. 과세표준금액이 1억원 이하에 대해서는 13%(주민세 포함 14.3%), 1억원 초과에 대해서는 25%(주민세 포함 27.5%)를 적용하고, 이월결손금에 대해서는 5년간 결손금의 이월공제를 적용한다.

◎ 민간투자사업에서 재무제표 작성시의 일반적 기준

○ 작성기간: 설계시점부터 운영기간까지 연단위로 작성한다.

○ 화폐가치: 물가상승률이 반영된 경상금액을 기준으로 작성한다.

○ 자금 유·출입 시기: 민간자본 유치대상사업의 경우 자금의 회수는 사용자(일반인)나 정부로부터 수령하는 반면 자금의 집행은 불특정 다수인에게 이루어지므로 시설별로 자금의 유·출입 시기가 불일치할 수도 있다. 그러나 이는 사업시행자의 자금집행방법에 따라서 달라질 수 있으므로 재무분석에서는 시설별 차이를 두지 않고 해당 기간의 자금집행은 매년도 말에 이루어지는 것으로 가정한다.

○ 부가가치세(VAT) 상정: 현행 부가가치세법을 적용하면 사업기간 중에는 환급 및 납부시기가 불일치할 수도 있으나, 이는 분기별 납부차이로 인한 효과가 미미하므로 재무분석에 적용되는 매입 및 매출은 부가세를 차감한 순액을 적용한다.

○ 잔존가치의 반영: 민간투자사업의 경우 사업시행자가 취득하는 자산 중에 소유권이 정부에 귀속되는 자산과 사업시행자에게 귀속되는 자산이 있는데, 일반적으로 사업시행자에 소유권이 있는 자산의 경우 잔존가치를 반영하는 것이 합리적이나

사업시행자 소유자산은 소모성자산이 대부분이므로 잔존가치를 반영하지 않는 것을 원칙으로 한다.

○ 운용자산 및 유지보수비: 유지보수비는 원칙적으로 해당 기간에 비용으로 처리하는 것을 원칙으로 하고 차량운반구 등 운용자산의 경우 현행 법인세법상의 기준내용연수를 적용하여 정액상각한다.

○ 보조금 등 정부지원사항: 현행 세법상 정부보조금의 경우 일부조건을 충족시킬 경우에만 과세이연을 시켜주고 있는바, 재무분석에서는 시설별 비교가능성을 위하여 재무성 분석시 산정되는 모든 보조금에 대하여는 과세이연을 전제로 지원하는 것을 원칙으로 한다.

○ 법인세 산정 및 납부시기: 법인세율 및 이월결손금 공제 등에 대하여는 현행 법인세법을 적용하되 지급시기는 현실적인 집행시기를 고려하여 산정기준일 다음해에 집행되는 것으로 가정한다.

(3) 대차대조표 작성

○ 현금은 현금흐름표상의 기말현금 금액과 동일하다.

○ 건설 중인 자산은 공사기간 동안 투자비와 건설이자 누적액의 합계액에서 국고보조금을 차감한 금액으로 건설이 완료되면 운영권 계정으로 대체된다.

— 건설 중인 자산 = 투자비 + 건설이자 누적액 - 국고보조금

— 수익성 분석표의 연도별 건설비와 국고보조금을 물가상승률을 반영한 금액으로 현금흐름표상에서 계산된다.

— 건설이자 누적액은 현금흐름표의 투자활동으로 인한 현금흐름의 현금유출에서 계산된 금액이다.

○ 운영권의 취득원가는 공사완료시점에 운영권 계정에 의해 대

체된 금액이다. 운영권은 무상운영기간 동안 운영권 취득원가에서 감가상각비 금액을 차감하는 직접법으로 상각한다.

— 30년 동안 정액법으로 상각하며 잔존가치는 0으로 가정한다.

— 상각기간은 도로사업의 경우 30년, 철도·항만·공항 사업 30년, 수자원 댐 사업 50년 및 문화관광단지 조성사업은 30년을 적용한다.

○ 차입금은 자금투입순서에 따라 전체 건설비 중 자기자본, 국고보조금을 차감한 후의 타인자본 조달금액으로, 현금흐름표의 재무활동으로 인한 현금흐름에서 계산되는 누적액이다.

○ 자본금은 현금흐름표의 재무활동으로 인한 현금흐름 중 '자본금 증가'항목의 누적액으로 계산된다. 즉, 당해연도의 자본금 계정은 전년도의 기말 장부금액에 당해연도에 증가된 자본금 금액을 더하여 계산한다.

○ 잉여금(결손금)은 손익계산서에서 산출된 당기순이익(손실)을 누적하여 계산한다. 즉, 당해연도 잉여금(결손금) 계정의 장부금액은 전년도 기말의 장부금액에 당해연도에 발생한 당기순이익(손실)을 더하여 계산한다.

○ 당기순이익(손실)은 손익계산서상의 금액이다.

○ 대차대조표상의 차변(자산)항목과 대변(부채+자본)항목의 수치가 일치하는지 확인이 필요하다.

| 표 4-8 | 대차대조표 작성예시

구 분	공 사 기 간					운 영 기 간				
	2005	2006	…	2010	2011	2012	2013	…	2040	2041
	1차	2차	…	6차	7차	1차	2차	…	29차	30차
자 산										
현 금										
건설중인 자산										
유형자산										
운영권										
부 채										
차입금										
자 본										
자본금										
잉여금/결손금										
(당기순이익)										
부채와 자본 총 계										

(4) 현금흐름표 작성

○ 투자비, 운영수입과 기타수입, 유지보수비, 판매비와 일반관리비는 수익성 분석표에 있는 운영수입과 기타수입을 물가상승률을 적용하여 산정한다.

○ 이자수입은 잉여자금에 대한 이자수익으로 수취이자율을 적용하여 계산한다.

○ 지급이자는 기초 차입금 누적액에 대해 계산하는데, 현재 민간투자사업 부채평균이율(연 7~8%)과 도로공사 10년채 유통수익률(연 5.2%)을 감안하여 연 6%의 금리를 적용한다(변동가능).

○ 법인세와 법인세차감효과(tax shield)를 제거한 법인세는 손익계산서상의 법인세 금액을 사용한다.

○ 투자비는 자기자본, 정부보조금, 차입금의 순서로 충당되는 것으로 가정한다.

○ 영업활동으로 인한 현금흐름과 투자활동으로 인한 현금흐름의 합이 마이너스(−)일 경우 차입금이 증가하고, 플러스(+)일 경

우 차입금의 상환이 증가한다. 차입금 누적액이 모두 상환될 때까지는 영업활동과 투자활동을 통해 발생되는 현금수지를 모두 차입금 상환에 사용하는 것으로 상정한다.

○ 현금의 증가는 영업활동으로 인한 현금흐름, 투자활동으로 인한 현금흐름, 그리고 재무활동으로 인한 현금흐름을 모두 합산한 값이며, 여기에 기초(期初)의 현금을 더하여 기말(期末)의 현금을 산출한다.

| 표 4-9 | 추정 현금흐름표 작성예시

구 분	공 사 기 간					운 영 기 간				
	2005	2006	…	2010	2011	2012	2013	…	2040	2041
	1차	2차	…	6차	7차	1차	2차	…	29차	30차
영업활동으로 인한 현금흐름										
현금유입										
운영수입										
기타수입										
이자수입										
현금유출										
매출원가(유지보수비 등)										
판매비와 일반관리비										
지급이자										
법인세 등										
투자활동으로 인한 현금흐름										
현금유입										
현금유출										
투자비										
건설이자										
재무활동으로 인한 현금흐름										
현금유입										
자본금 증가										
차입금 증가										
국고보조금 증가										
현금유출										
차입금 상환										
배당금 지급										
현금의 증가										
기초의 현금										
기말의 현금										

3. 재무적 타당성 평가

(1) 민감도 분석

1) 필 요 성

○ 작성된 재무성 분석표는 다양한 가정하에 작성된 결과물로서, 자기자본비율, 사용량 등 주요 변수에 대한 판단에 따라 결과가 달라질 수 있으므로 이에 대한 분석이 필요하다.

○ 또한, 정부입장에서는 사업비, 사용료, 사업수익률 등의 변동에 따라 정부재정지원금액의 규모가 어떻게 변동되는지 확인할 필요가 있다.

2) 주요 민감도 분석요소

○ 수요량: 일반적으로 수요량은 수입의 대부분을 차지하는 재무성 분석에 있어서 가장 중요한 요소이다. 이 경우 가격에 따른 수요량 변화를 고려할 필요가 있다.

○ 사업비: 사업비 중에서도 공사비의 비중이 약 90% 정도를 차지하므로 공사비에 대한 민감도 분석이 주로 이루어지고 있다. 공사비 증가시 사업수익률에 변동이 없다면 사용료가 증가하거나 정부재정지원금액이 증가하는 결과를 가져온다.

○ 운영비용: 운영비용이 증가하면 공사비증가와 마찬가지로 사업수익률의 변동이 없다고 가정할 때, 사용료의 증가 또는 정부재정지원금액이 증가하는 결과가 발생한다.

○ 사용료: 사용료의 변동은 수요량의 변동에 영향을 미치지만 일반적으로 수요량변동을 무시하고 민감도 분석을 실시하며, 사업수익률이 변동 없다고 가정할 때 사용료가 증가하면 정부재정지원금액이 감소하는 결과가 발생한다.

○ 정부재정지원금액: 정부재정지원금액의 변동에 따라 사용료, 사업수익률 등의 변화를 분석할 필요가 있다.

— 사업수익률이 변동 없다고 가정할 때 재정지원금액이 커지면 사용료는 낮아지고
— 사용료가 변동 없다고 가정할 때 재정지원금액이 커지면 사업수익률은 커지게 된다.

(2) 타당성 평가

○ 민자사업가능성에 대한 최종판단은 전술한 민감도 분석결과를 고려하여 최종결론을 내리게 된다.
○ 민자사업가능성 판단을 위한 기준으로는 재무적 타당성 분석의 결과로서 제시된 수익률과 재정지원금액의 수준이 타당하여야 한다.

1) 수익률 기준

○ 사업별로 결정된 약정수익률과 내부수익률법의 IRR을 비교하여 판단한다.
— 약정수익률 < IRR: 재무적 타당성이 있다(민자유치 가능).
— 약정수익률 ≥ IRR: 재무적 타당성이 없다.
이 경우는 재정지원금액의 크기에 따라 민자유치가능성 여부를 결정한다.

2) 순현재가치 기준

○ 순현재가치법에 의하여 산정된 NPV의 값에 의하여 결정한다.
— NPV ≥ 0: 재무적 타당성이 있다(민자유치 가능).
— NPV < 0: 재무적 타당성이 없다.
이 경우는 재정지원금액의 크기에 따라 민자유치가능성 여부를 결정한다.

3) 재정지원금액 기준

○ 수익률기준 및 순현재가치 기준에 의하여 민자유치가능성이

불투명한 것으로 판단된 사업에 대하여는 재정지원금액에 따라 가능성 여부를 결정한다.

〈방법 1〉

— 정부책정 재정지원금액 ≥ 필요 재정지원금액: 민자유치 가능

— 정부책정 재정지원금액 < 필요 재정지원금액: 민자유치 불가

〈방법 2〉

— (재정지원금액/경제성 분석에 의한 NPV) ≥ 1: 민자유치 가능

— (재정지원금액/경제성 분석에 의한 NPV) < 1: 민자유치 불가

4) 사용료 수준 기준

○ 재무적 타당성의 또 다른 한 가지 방법은 평가방법에 의하여 산정된 요금수준의 적정성 여부이므로 이의 수준에 따라 재무적 타당성 및 민자유치가능성을 평가할 수 있다.

— 적정요금 수준 ≥ 산정된 요금 수준: 민자유치 가능

— 적정요금 수준 < 산정된 요금 수준: 민자유치 불가

VI. 재무타당성 분석 실습사례

1. 관광단지 개발사업 개요

○ 관광단지 내에 도입하는 각 시설의 재무면에서 본 사업타당성(Feasibility)을 검토하도록 한다. 또한 각 시설의 사업주체로부터 타당성을 확보하기 위한 조건을 명확히 한다.

○ 재무타당성 분석 결과, 필요한 경우 시설 메뉴 및 수입지출액, 사업계획과 자금조달계획을 재검토하도록 한다.

2. 작업내용과 방법

(1) 기초 데이터 수집과 원단위의 설정

○ 새로운 컨셉 플랜을 기초로 한 도입시설 중, 재무타당성 분석이 대상으로 하는 핵심 시설에 대해 국내외 사례로부터 기초적 데이터(초기투자비, 수입액, 지출액)를 수집하여 검토하였다.

○ 한국 국내 및 해외 유사사례 등을 바탕으로 도입시설의 '규모'를 비롯한 각종 수치의 원단위를 설정하였다.

(2) 시설별 공간구성 검토

○ 컨셉 플랜을 기초로 한 도입시설 중, 재무타당성 분석을 대상으로 하는 시설에 대해 부지면적, 연면적, 유효율 등을 정리하고, 초기 투자비 산출을 위한 기초 데이터를 작성하였다.

(3) 시설별 투자비 및 수입・지출액의 설정

○ 상기 (1), (2)를 바탕으로 각 시설별로 초기투자비, 수입액, 지출액을 설정하였다.

(4) 시뮬레이션 모델(Simulation Model) 구축

○ 사업계획 및 자금조달 계획을 상정하고,

○ 도입시설별 또는 시설 패키지별로 재무타당성 분석을 행하는 시뮬레이션 모델을 작성하였다.

(5) 재무타당성 분석

○ 시뮬레이션 모델에 의해 도입시설별 또는 시설 패키지별로 Project-IRR(20년), Equity-IRR(20년), Net Present Value(20년)를 산출하여 재무타당성을 분석하고, 시설계획에 피드백 시킨다(투자가의 기대기준으로서는 IRR은 15%가 표준).

[그림 4-1] 재무타당성 분석의 전체 흐름도

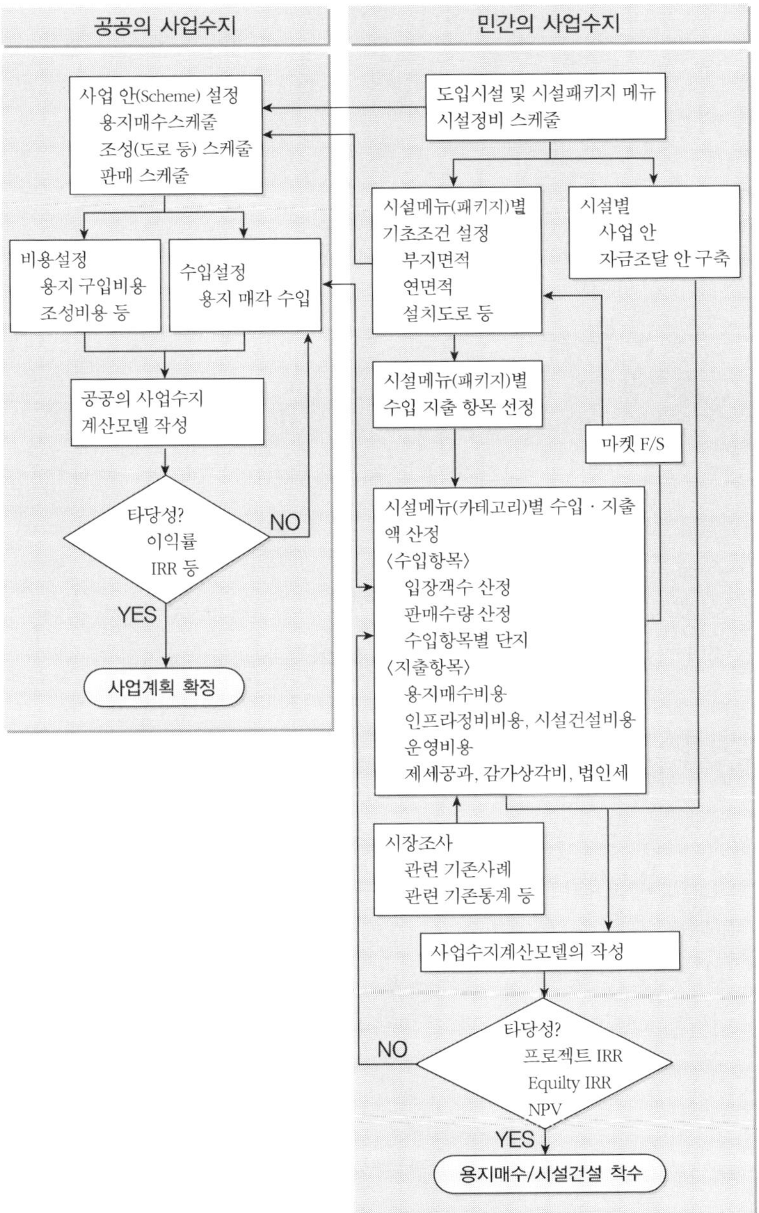

○ 기대기준에 적합하도록 민감도 분석을 통해 사업참여 조건(토지분양 가격 등)을 검토한다.

3. 사업 Scheme의 구축

(1) 사업 Scheme의 구축

○ 사업 Scheme을 고려할 경우, 우선 제1단계로 다음 항목은 반드시 실시되도록 하였다.
 — 단지 운영자(자치단체 또는 공사: 이하 '단지 운영자')가 개발 예정지 매수.
 — 단지 운영자(및 정부 등)가 개발 예정지의 인프라 정비.
 — 단지운영자가 민간에게 토지를 매각하여 민간이 시설 건설.

(2) 자금조달 Scheme의 구축

○ 실제적인 자금조달 Scheme은 각 사업주체의 재무상황이나 경영방침에 따라 달라지기 때문에 일률적으로 정의하기란 어렵다. 그리고 자금조달 Scheme의 메뉴도 다수 존재하는 결과, 여기서는 기본적인 자금조달 Scheme으로 자기자금과 장기차입을 고려하였다. 단, 단년도의 적자가 발생하였을 경우에 단기차입(당기차입, 차기금액변제)을 실시하는 것으로 설정하였다. 따라서 각 사업주체의 자금조달 Scheme은 자기자금비율(총사업비에서 차지하는 자기자금의 비율)의 상하에 따라 바뀌도록 하였다.
○ 자기자본과 장기차입금의 비율은 자본투자의 현실적 면을 고려하여 30(자기자금) : 70(장기차입)으로 설정하였다.

4. 개별항목의 검토내용

(1) 시설 메뉴별 기초조건의 설정

○ 대상지역의 특성 등을 토대로 설정한 시설배치를 참고로 하여 시설 메뉴별로 기초조건을 설정하였다. 기초조건으로 설정해야 할 것으로는 토지・건물과 관련된 지표로 각 시설 메뉴별 부지면적 및 건물 연면적을 산정하였다.

○ 단, 여기서 설정한 기초조건은 사업타당성(F/S)에 따라 평가하여 재설정을 행하는 것으로 한다.

(2) 시설 메뉴별 수입・지출 항목의 설정

○ 각 시설 메뉴별 수입・지출항목의 설정을 행한다.

○ 대략적인 수입・지출항목을 제시하면 다음 표와 같다.

| 표 4-10 | 시설별로 본 수입・지출 항목의 개요

시설명	수 입 항 목	지 출 항 목	
		초기비용(initial cost)	운영비(running cost)
Thalasso Hotel	・숙박 수입 ・Taraso 수입 ・음식 수입	・토지매수비용 ・건물건설비용 ・세금, 공과금(토지 건물취득비)	・인건비, 유지보수비, 수도광열비, 원재료비 등 ・세금, 공과금(토지건물보유비용), 감가상각비
Ride Park	입장료, 시설이용료 수입 ・음식 수입 ・판매 수입	・토지매수 비용 ・건물건설 비용 ・유희시설 설비비 ・세금, 공과금(토지 건물 취득비용)	・인건비, 유지보수비, 수도광열비, 원재료비 등 ・세금, 공과금(토지건물 보유비용), 감가상각비
Spa Park	・입장료, 시설이용료 수입	・토지매수비용 ・건물건설비용	・인건비, 유지보수비, 수도광열비, 원재료비

	·음식수입 ·판매수입, 기타	·세금, 공과금(토지건물 취득비용)	등 ·세금, 공과금(토지건물 보유비용), 감가상각비
Wellness Club	·분양판매수입 ·공익비(연회비) ·부대시설 임대수입	·토지매수비용 ·건물건설비용 ·세금, 공과금(토지건물 취득비용)	·인건비, 유지보수비, 수도광열비, 원재료비 등 ·세금, 공과금(토지건물 보유비용), 감가상각비
Hotel (1급)	·객실 수입 ·음식부문 수입 ·연회부문 수입	·토지매수비용 ·건물건설비용 ·세금, 공과금(토지건물 취득비용)	·인건비, 유지보수비, 수도광열비, 원재료비 등 ·세금, 공과금(토지건물 보유비용), 감가상각비
Outlet mall & Theme Restaurant	·판매점 임대료수입 ·음식점 임대료수입 ·판매·음식점 수입	·토지매수비용 ·건물건설비용 ·세금, 공과금(토지건물 취득비용)	·인건비, 유지보수비, 수도광열비, 원재료비 등 ·세금, 공과금(토지건물 보유비용), 감가상각비

(3) 사업타당성(F/S) 분석

○ 각 시설에서 생기는 수입의 기본지표가 되는 입장객 수 및 판매수량에 대해 시장에서 바라본 타당성을 검토하도록 하였다.

○ 이 결과를 토대로 입장객수라든지 판매수량을 설정하여 사업수지계산의 기초지표로 삼는 동시에 시설 메뉴별 기초조건의 설정으로 feed back하여 건물 연면적이나 부지면적을 재설정하도록 한다.

(4) 시설 메뉴별 수입, 지출액의 산정

1) 수입항목

○ 사업타당성(F/S)의 결과에서 이용요금 징수시설의 이용자수, 판

매시설의 판매수량을 설정하였다.
○ 동 업종 또는 동 지역의 기존사례나 거시적 통계 등으로부터 각 시설, 각 수입항목별 단가를 설정하였다.
○ 요금징수시설의 매출액은 연간 8%의 신장으로 설정하였다(물가상승률 및 경제성장률의 고려).

2) 지출항목

○ 초기투자비용(Initial cost)로는 부지매수비용, Infrastructure 정비비용, 시설건설비용 등이 존재한다. 이러한 것들은 동 업종, 동 지역의 기존사례나 엔지니어링회사에 의한 지원을 통해 설정하였다.
○ 운영비(Running cost)로는 인건비나 유지수선비, 음식 및 물품판매 매입원가, 수도광열비 등이 존재한다. 이러한 것들은 동종 또는 동 지역의 기존사례나 거시적인 통계 등을 통해 각 시설별로 설정하였다.
○ 공과금 및 세금은 Initial Cost, Running Cost 둘 다 존재하기 때문에 토지 및 건물에 관한 규정을 검토, 이를 적용시켰을 경우의 비용을 산출하였다. 법인세에 대해서도 마찬가지로 정리하였다.
○ 감가상각비는 건물의 종류에 따라 다르기 때문에 시설별 및 내용별(설비, 집기비품 등)로 감가상각연수를 파악하였다.
○ 인건비 및 유지관리비 등 Running Cost는 연간 5%의 증가로 설정하였다.

◎ 추가투자

○ 건설비용의 산정으로부터 설정된 각 시설의 유지수선비와 함께 추가투자를 산정하였다. 통상적으로는 초기투자액의 약 몇%가 매년 소요되는 식으로 설정하는데 10년에 1번 정도 대

규모의 수선비 또는 추가투자가 소요되는 경우로 설정하였다.

※ Ride park: 매년 초기투자비의 7% 산정(국내 테마파크공원 수준 평균 5-7%)

※ Outlet Mall: 10년, 초기투자비의 20% 산정

※ 기타 시설: 10년, 초기투자비의 10% 산정

○ 각 시설에 도입한 기기의 내용(耐用)연수(단순한 노화뿐 아니라 신제품 출현에 따른 교체의 필요성도 고려한다)를 파악하였다. 이를 통해 기기 교체비용을 산출하였다.

5. 도입시설의 토지이용계획

시 설 명	시 설 개 요	부지면적 (㎡)
Thalasso Hotel (특1급 호텔)	객실 180실(평균면적 40㎡) 레스토랑 2개소(200석/600㎡) 라운지(60석/180㎡) 매점 1개소(100㎡) 연회장 1개소(200㎡) 유효율 50%, 정원 400명 호텔 지상 4층, 지하 1층 타라소피아 건물 1동(연상면적 7,000㎡) 주차장(300대)	83,000
Ride Park	어트랙션 50개소 레스토랑 5개소(1,500석/4,500㎡) 매점 2개소(1,000㎡) 주차장(7,000대)	422,000
SpaPark	워터 파크(20,000㎡) 실내온천시설(14,000㎡/3층 건물) 야외 스파 가든(4,000㎡) 주차장(3,000대)	160,000
Outlet Mall, Theme Restaurant	판매 100점포(평균 250㎡/2층 건물) 레스토랑 10점포(평균 500㎡) 유효율 80%	57,000

	관리동(500㎡) 주차장(4,000대)	
Wellness Club	Cottage 30동(1동 200㎡/정원 8명) 창작공방(500㎡) 숲의 미술관(1,000㎡) 테니스 코트(6면) 실내 수영장, 사우나(800㎡) 사이클링 로드 숲속 카페테리아(100석/500㎡) 산책로, 인공연못, 바베큐 가든 관리동(300㎡), 실내 체육관(2,000㎡) 주차장(500대)	381,000
Condominium (1)	250실(평균면적 70㎡) 레스토랑 1개소(200석/600㎡) CVS(100㎡) 온천 대욕장(500㎡) 유효율 55%, 정원 1,800명 지상 8층, 지하 1층 주차장(500대)	Wellness club 내 56,000
Condominium (2)	250실(평균면적 70㎡) 레스토랑 2개소(200석/600㎡) CVS(100㎡) 온천 대욕장(500㎡) 유효율 55%, 정원 1,800명 지상 8층, 지하 1층 주차장(500대)	Wellness club 내 63,000
1급 호텔 (hillside)	200실(평균면적 30㎡) 레스토랑 2개소(200석/600㎡) 라운지 1개소(100석/200㎡) 연회장 2개소(500㎡) 매점 1개소(100㎡) 야외 수영장 유효율 55%, 정원 450명 지상 5층, 지하 1층 주차장 (700대)	33,000

공 공 시 설	사 업 면 적 (㎡)
도로(해안관광도로, 진입도로)	164,000
단지내 도로	117,000
공원녹지	106,000
경관녹지	24,000
공영주차장	213,000
관광센터	7,000
Service Station	15,000
소 계	646,000

6. 사업수지 계산모델의 작성

○ 시설 메뉴별 수입, 지출액, 사업 Scheme 및 자금조달 Scheme을 바탕으로 사업수지 계산모델을 작성하였다. 이를 토대로 사업 전체의 IRR(Project IRR), 출자자 입장에서의 IRR(Equity IRR)을 산출하였다.

※ Project IRR: 해당 프로젝트 자체의 사업성을 평가하는 지표

※ Equity IRR: 출자자 입장에서의 Return을 평가하는 지표

○ Project IRR에서는 통상적으로 장기국채의 이율에 프로젝트의 Risk Premium을 덧붙인 수치를 상회하는지를 체크한다. 만약 장기국채 이율이 연 11~12%라면 15%정도의 Project IRR이 필요하다.

○ Equity IRR은 Project IRR이 차입금리를 상회하는 경우에는 차입비율을 올리면 올릴수록 Leverage 효과(자기자본과 타인자본과의 비율, 기업의 채권자에 의해 부여되는 자금조달에 비교하여 소유자의 출자정도를 측정하는 것, 레버리지를 높임에 의해 사본이익률을 높이는 효과를 의미)로 인해 높아진다. 출자자 입장에서는 Equity IRR이 높을수록 매력적인 프로젝트가 되지만 Equity와

Debt의 균형이 필요하다.

○ 이상과 같이 평가항목에서 사업수지 상황을 체크하여 '① 수입 및 지출항목, 단가의 재검토, ② 사업 Scheme, 자금조달 Scheme의 재검토' 등을 행하도록 한다.

7. 각 시설별 사업전제조건 설정

(1) Thalasso(thalassotherapy) Hotel

〈사업성평가의 전제조건〉

구분	항목	내용		
① 토지·건물	부지면적	83,000㎡		
	연상면적	23,560㎡		
② 투자계획	토지단가	141,571 원 / ㎡		
	부지취득액 합계	11,750백만원		
	기반정비비	2,645백만원		
	건설투자액 합계	61,545백만원		
	개업비	5,890백만원		
	총사업비	79,186백만원		
③ 자금조달계획	자기자금비율	총투자액의 30%		
	자기자금	23,756백만원		
	장기차입금	55,430백만원		
④ 수입계획	평균 숙박자 단가	300,000원 / 人		
	당일 방문객 단가	100,000원 / 人		
	객실수	180실		
	평균 정원수	1.9명 / 실		
	평균 객실가동률	1년도	2년도	3년도 이후
		45%	50%	55%
⑤ 지출계획	지출항목	지출기준		비 고
	인건비 사원 80명	30백만원 / 년·인		인건비 상승률 5%
	임시직 100명	10백만원 / 년·인		
	토지세	부지취득비 합계의 7할의		0.30%
	유지보수비	건설투자액 합계의		1.50%
	보험료	건설투자액 합계의		0.22%
	건물세	건설투자액 합계의 7할의		0.30%
	수도광열비	초기 투자비의		1.5%
	취득세·등록세 등	총투자액 7할의		5.00%

제경비	매출액	10.0%
일반관리비	매출액	3.0%
광고선전비	매출액	5%(초년도)
	매출액	2%(2년도 이후)
음식재료비	음식부문 수입	30.0%
감가상각비	건설공사비	40년 정액법(설계감리비 포함)
	내장공사비	5년 정액법(설계감리비 포함)
	설비공사비	12년 정액법(설계감리비 포함)
	집기비품비	5년 정액법
	개업비	3년 정액법
법인세 등	당기이익이 1억원 미만	16.0%
	1억원 이상	28.0%

(2) RIDE PARK

〈사업성평가의 전제조건〉

① 토지 · 건물	부지면적	422,000㎡	
	연상면적	20,000㎡	
② 투자계획	토지단가	97,029 원 / ㎡	
	부지취득액 합계	46,911백만원	
	기반정비비 등	13,560천원 / 평	
	건설투자액 합계	20,000백만원	
	유희시설설비비	75,000백만원	
	건설사업비 합계	108,560백만원	
	총사업비	162,971백만원	
③ 자금조달계획	자기자금비율	총투자액의 30%	
	자기자금	48,891백만원	
	장기차입금	114,080백만원	
④ 수입계획	〈 Leisure시설부문 〉	입장요금 5400원 / 人	
	<음식부문>	객단가 7200원 / 人	
	<판매 · 기타>	객단가 5400원 / 人	
⑤ 지출계획	지출항목	지출기준	비 고
	인건비 사원 100人	30백만원 / 년 · 인	인건비 상승률 5%
	임시직 200人	10백만원 / 년 · 인	
	토지세	부지취득비의 7할	0.30%
	유지보수비	건설투자액합계의	0.20%
	보험료	건설투자액합계의	0.22%
	건물세	건설투자액합계의 7할	0.30%
	수도광열비	초기 투자비	3.0%

취득세 · 등록세 등	총투자액 7할의	5.00%
제경비	매출액	20.0%
일반관리비	매출액	5.0%
광고선전비	매출액	5%(초년도)
	매출액	2%(2년도 이후)
음식재료비	음식부문 수입	30.0%
판매 · 그외 원가	판매 · 기타 부문 수입	65.0%
감가상각비	건실공사비	40년 정액법(설계감리비 포함)
	내장공사비	5년 정액법(설계감리비 포함)
	설비공사비	12년 정액법(설계감리비 포함)
	집기비품비	5년 정액법
	개업비	3년 정액법
	유희시설비	9년정액법
법인세 등	당기이익이	1억원 미만 16.0%
		1억원 이상 28.0%

(3) SPA PARK

〈사업성평가의 전제조건〉

① 토지 · 건물	부지면적	160,000㎡		
	연상면적	38,000㎡		
② 투자계획	토지단가	141,571 원 / ㎡		
	부지취득액 합계	22,651백만원		
	기반정비비 등	3,341백만원		
	건설투자액 합계	83,600백만원		
	건설사업비 합계	86,941백만원		
	개업비	8,360백만원		
	총사업비	117,952백만원		
③ 자금조달계획	자기자금비율	총투자액의 0.3%		
	자기자금	35,386백만원		
	장기차입금	82,566백만원		
④ 수입계획	〈Leisure시실부문〉	입장요금	14000원 / 人	
	<음식부문>	객단가	1400원 / 人	
	<판매 · 기타>	객단가	7000원 / 人	
⑤ 지출계획	지출항목	지출기준	비 고	
	인건비 사원 80人	30백만원 / 년 · 인	인건비 상승률	5%
	임시직 120人	10백만원 / 년 · 인		
	토지세	부지취득비의 7할	0.30%	
	유지보수비	건설투자액 합계의	0.20%	

보험료	건설투자액 합계의	0.22%
건물세	건설투자액 합계 7할의	0.30%
수도광열비	초기 투자비의	3.0%
취득세 · 등록세 등	총투자액 7할의	5.00%
제경비	매출액	20.0%
일반관리비	매출액	5.0%
광고선전비	매출액	5%(초년도)
	매출액	2%(2년도 이후)
음식재료비	음식부문 수입	30.0%
판매 · 그 외 원가	판매 · 기타 부문 수입	65.0%
감가상각비	건설공사비	40년 정액법(설계감리비 포함)
	내장공사비	5년 정액법(설계감리비 포함)
	설비공사비	12년 정액법(설계감리비 포함)
	집기비품비	5년 정액법
	개업비	3년 정액법
법인세 등	당기이익이 1억원 미만	16.0%
	1억원 이상	28.0%

(4) WELLNESS CLUB

〈사업성평가의 전제조건〉

① 토지 · 건물	부지면적	381,000㎡	
	연상면적	99,273㎡	
	객실수(콘도)	500실	
	객실수(COTTAGE)	30실	
② 투자계획	부지취득액 합계	49,890백만원	
	건설투자액	83,590백만원	
	기반정비비 등	21,149백만원	
	건설투자액 합계	104,739백만원	
	개업비	8,360백만원	
	총사업비	162,989백만원	
③ 자금조달계획	자기자금비율	(총투자액-회원권 판매 수입)의 0.3%	
	자기자금	48,897백만원(개업시)	
	장기차입금	114,092백만원(개업시)	
	1실당 분양권 구좌수(CONDO)		12구좌 / 실
	2실당 분양권 구좌수(COTTAGE)		3구좌 / 실
	분양수 (CONDO)		6000人(구좌)
	분양수 (COTTAGE)		90人(구좌)

	분양권 판매단가(CONDO)	25백만원 / 구좌	
	분양권 판매단가(COTTAGE)	100백만원 / 구좌	
④ 수입계획	연회비 (Cottage)	160,000원 / 구 · 월	
	연회비 (Condo)	50,000원 / 구 · 월	
	연회비 수입(Cottage)	11,520백만원	
	연회비 수입(Condo)	54백만원	
	대여료	504백만원	
⑤ 지출계획	지출항목	지출기준	비 고
	인건비 사원 30人	30백만원 / 년 · 인	인건비 상승률 5%
	임시직 50人	10백만원 / 년 · 인	
	토지세	부지취득비 합계7할의	0.30%
	유지보수비	건설투자액 합계	1.50%
	보험료	건설투자액 합계	0.22%
	건물세	건설투자액 합계7할의	0.30%
	수도광열비	초기 투자비의	1.5%
	취득세 · 등록세 등	총투자액 7할의	5.00%
	제경비	매출액	20.0%
	일반관리비	매출액	5.0%
	판매관리비	매출액	20%(초년도)
		매출액	5%(2년도 이후)
	감가상각비	건설공사비	40년 정액법(설계감리비 포함)
		내장공사비	5년 정액법(설계감리비 포함)
		설비공사비	12년 정액법(설계감리비 포함)
		집기비품비	5년 정액법
		개업비	3년 정액법
	법인세 등	당기이익이 1억원 미만	16.0%
		1억원 이상	28.0%

(5) 1급 호텔

〈사업성평가의 전제조건〉

구분	항목	내용	
① 토지 · 건물	부지면적	33,000㎡	
	연상면적	13,455㎡	
② 투자계획	토지단가	269,364 원 / ㎡	
	부지취득액 합계	8,889백만원	
	건설투자액	14,652백만원	
	기반정비비 등	618백만원	
	건설투자액 합계	15,270백만원	
	개업비	1,465백만원	
	총사업비	25,624백만원	
③ 자금조달계획	자기자금비율	총투자액의 0.3%	
	자기자금	7,687백만원	
	장기차입금	17,937백만원	
④ 수입계획	평균 숙박자 단가	120,000 원 / 人	
	객실수	200 실	
	평균 정원수	1.9 명 / 실	

	1년도	2년도	3년도 이후
평균 객실가동률	55%	60%	65%

⑤ 지출계획	지출항목	지출기준	비 고
	인건비 사원 80人	30백만원 / 년 · 인	인건비 상승률 5%
	임시직 170人	10백만원 / 년 · 인	
	토지세	부지취득비 합계7할의	0.30%
	유지보수비	건설투자액 합계의	1.50%
	보험료	건설투자액 합계의	0.22%
	건물세	건설투자액 합계 7할의	0.30%
	수도광열비	초기 투자비의	1.5%
	취득세 · 등록세 등	총투자액 7할의	5.00%
	제경비	매출액	20.0%
	일반관리비	매출액	9.0%
	광고선전비	매출액	5%(초년도)
		매출액	2%(2년도 이후)
	음식재료비	음식부문 수입	30.0%
	감가상각비	건설공사비	40년 정액법(설계감리비 포함)
		내장공사비	5년 정액법(설계감리비 포함)
		설비공사비	12년 정액법(설계감리비 포함)
		집기비품비	5년 정액법
		개업비	3년 정액법
	법인세 등	당기이익이 1억원 미만	16.0%
		1억원 이상	28.0%

(6) OUTLET MALL & RESTAURANT

〈사업성평가의 전제조건〉

구분	항목	내용	비고
① 토지・건물	부지면적	57,000㎡	
	연상면적	38,125㎡	
② 투자계획	토지단가	269,364 원 / ㎡	
	부지취득액 합계	15,354백만원	
	건설투자액	46,131백만원	
	기반정비비 등	1,190백만원	
	건설투자액 합계	67,288백만원	
	개업비	4,613백만원	
	총사업비	71,901백만원	
③ 자금조달계획	자기자금비율	총투자액의 30%	
	자기자금	20,570백만원	
	장기차입금	50,331백만원	
④ 수입계획	판매점 임대료	10,500 백만원	
	공익비	1,500백만원	
	음식점 임대료	2,100백만원	
	공익비	300백만원	
⑤ 지출계획	지출항목	지출기준	비고
	인건비 사원 12人	30백만원 / 년・인	인건비 상승률 5%
	임시직 5人	10백만원 / 년・인	
	청소, 경비위탁비	매출액의	20.00%
	유지보수비	매출액의	5.00%
	수도광열비	매출액의	3.00%
	광고선전비	매출액의	3%(초년도)
		매출액의	2%(2년도 이후)
	제경비	매출액의	4.0%
	감가상각비	건설공사비	40년 정액법(설계감리비 포함)
		내장공사비	5년 정액법(설계감리비 포함)
		설비공사비	12년 정액법(설계감리비 포함)
		집기비품비	5년 정액법
		개업비	3년 정액법
	법인세 등	당기이익이 1억원 미만	16.0%
		1억원 이상	28.0%

8. 사업성 분석결과

(1) Thalasso Hotel

【손익계산서】		건설 연도	1차 연도	2차 연도	3차 연도	4차 연도	5차 연도	6차 연도	7차 연도	8차 연도	9차 연도	10차 연도	11차 연도	12차 연도	13차 연도	14차 연도	15차 연도	16차 연도	17차 연도	18차 연도	19차 연도	20차 연도
매 출 액		0	19,252	22,548	26,143	27,711	29,374	31,136	33,005	34,985	37,084	39,309	41,668	44,168	46,818	49,627	52,604	55,761	59,106	62,653	66,412	70,396
소 계		0	19,252	22,548	26,143	27,711	29,374	31,136	33,005	34,985	37,084	39,309	41,668	44,168	46,818	49,627	52,604	55,761	59,106	62,653	66,412	70,396
	인건비	0	3,400	3,570	3,749	3,936	4,133	4,339	4,556	4,784	5,023	5,275	5,538	5,815	6,106	6,411	6,732	7,068	7,422	7,793	8,183	8,592
	음식재료비	0	3,248	3,443	3,649	3,868	4,100	4,346	4,607	4,884	5,177	5,487	5,816	6,165	6,535	6,927	7,343	7,784	8,251	8,746	9,270	9,827
	광고선전비	0	963	451	523	554	587	623	660	700	742	786	833	883	936	993	1,052	1,115	1,182	1,253	1,328	1,408
	수도광열비	0	923	969	1,018	1,069	1,122	1,178	1,237	1,299	1,364	1,432	1,504	1,579	1,658	1,741	1,828	1,919	2,015	2,116	2,222	2,333
영	제 경비	0	1,925	2,255	2,614	2,771	2,937	3,114	3,300	3,498	3,708	3,931	4,167	4,417	4,682	4,963	5,260	5,576	5,911	6,265	6,641	7,040
	일반관리비	0	578	676	784	831	881	934	990	1,050	1,113	1,179	1,250	1,325	1,405	1,489	1,578	1,673	1,773	1,880	1,992	2,112
업	유지수선비	0	923	923	923	923	923	923	923	923	923	923	923	923	923	923	923	923	923	923	923	923
	토지임차료	0	0	0	0	0	0	0	0	0	0	0	0	0	0	0	0	0	0	0	0	0
	건물임차료	0	0	0	0	0	0	0	0	0	0	0	0	0	0	0	0	0	0	0	0	0
경	보험료	0	135	135	135	135	135	135	135	135	135	135	135	135	135	135	135	135	135	135	135	135
	토지세	25	25	25	25	25	25	25	25	25	25	25	25	25	25	25	25	25	25	25	25	25
비	건물세	0	129	129	129	129	129	129	129	129	129	129	129	129	129	129	129	129	129	129	129	129
	토지취득세 등록세	411	0	0	0	0	0	0	0	0	0	0	0	0	0	0	0	0	0	0	0	0
	감가상각비	0	5,762	5,762	5,762	3,799	3,799	1,750	1,750	1,750	1,750	1,750	1,750	1,750	896	896	896	896	896	896	896	896
	추가투자											5,890										5,890
계		436	18,011	18,339	19,311	18,041	18,772	17,497	18,314	19,177	20,089	26,943	22,071	23,147	23,430	24,632	25,902	27,244	28,662	30,161	31,745	39,309
영업이익		-436	1,241	4,209	6,831	9,671	10,602	13,640	14,691	15,808	16,995	12,366	19,597	21,021	23,387	24,995	26,702	28,517	30,444	32,491	34,667	31,087
수령이자		0	0	21	151	366	595	863	1,150	1,481	1,858	2,286	2,598	3,133	3,730	4,383	5,106	5,905	6,932	8,044	9,248	10,548
보증금수령이자		0	0	0	0	0	0	0	0	0	0	0	0	0	0	0	0	0	0	0	0	0
지불이자(장기)		0	2,771	2,587	2,402	2,217	2,032	1,848	1,663	1,478	1,293	1,109	924	739	554	370	185	0	0	0	0	0
지불이자(단기)		0	0	0	0	0	0	0	0	0	0	0	0	0	0	0	0	0	0	0	0	0
금리공제후 단기이익		-436	-1,530	1,644	4,581	7,820	9,165	12,655	14,178	15,811	17,560	13,544	21,271	23,415	26,563	29,008	31,624	34,422	37,376	40,536	43,914	41,635
법인세 등		0	0	460	1,283	2,189	2,566	3,544	3,970	4,427	4,917	3,792	5,956	6,556	7,438	8,122	8,855	9,638	10,465	11,350	12,296	11,658
세금공제후 이익		-436	-1,530	1,184	3,298	5,630	6,599	9,112	10,208	11,384	12,643	9,752	15,315	16,859	19,125	20,886	22,769	24,783	26,911	29,186	31,618	29,978
누적손익		-436	-1,966	-782	2,516	8,146	14,744	23,856	34,064	45,448	58,091	67,843	83,158	100,017	119,142	140,027	162,796	187,580	214,491	243,676	275,295	305,272

자금운용표		건설 연도	1차 연도	2차 연도	3차 연도	4차 연도	5차 연도	6차 연도	7차 연도	8차 연도	9차 연도	10차 연도	11차 연도	12차 연도	13차 연도	14차 연도	15차 연도	16차 연도	17차 연도	18차 연도	19차 연도	20차 연도
자금조달	전기이월금	0	0	536	3,787	9,152	14,885	21,587	28,753	37,016	46,454	57,152	64,958	78,328	93,241	109,567	127,654	147,624	173,304	201,111	231,193	263,708
	자기자금	23,756	0	0	0	0	0	0	0	0	0	0	0	0	0	0	0	0	0	0	0	0
	보증금원금반환	0	0	0	0	0	0	0	0	0	0	0	0	0	0	0	0	0	0	0	0	0
	차입금(장기)	55,430	0	0	0	0	0	0	0	0	0	0	0	0	0	0	0	0	0	0	0	0
	차입금(단기)	0	0	0	0	0	0	0	0	0	0	0	0	0	0	0	0	0	0	0	0	0
	감가상각비	0	5,762	5,762	5,762	3,799	3,799	1,750	1,750	1,750	1,750	1,750	1,750	1,750	896	896	896	896	896	896	896	896
	세금공제후이익	-436	-1,530	1,184	3,298	5,630	6,599	9,112	10,208	11,384	12,643	9,752	15,315	16,859	19,125	20,886	22,769	24,783	26,911	29,186	31,618	29,978
계		78,750	4,232	7,482	12,847	18,580	25,282	32,449	40,711	50,150	60,847	68,654	82,023	96,937	113,263	131,349	151,319	173,304	201,111	231,193	263,708	294,581
자금운용	부지취득비	11,750	0	0	0	0	0	0	0	0	0	0	0	0	0	0	0	0	0	0	0	0
	건설투자액합계	61,545	0	0	0	0	0	0	0	0	0	0	0	0	0	0	0	0	0	0	0	0
	개업비	5,890	0	0	0	0	0	0	0	0	0	0	0	0	0	0	0	0	0	0	0	0
	건설협력금	0	0	0	0	0	0	0	0	0	0	0	0	0	0	0	0	0	0	0	0	0
	보증금	0	0	0	0	0	0	0	0	0	0	0	0	0	0	0	0	0	0	0	0	0
	차입금(장기) 원금반제	0	3,695	3,695	3,695	3,695	3,695	3,695	3,695	3,695	3,695	3,695	3,695	3,695	3,695	3,695	3,695	0	0	0	0	0
	차입금(단기) 원금반환	0	0	0	0	0	0	0	0	0	0	0	0	0	0	0	0	0	0	0	0	0
계		79,186	3,695	3,695	3,695	3,695	3,695	3,695	3,695	3,695	3,695	3,695	3,695	3,695	3,695	3,695	3,695	0	0	0	0	0
차기이월금		-436	536	3,787	9,152	14,885	21,587	28,753	37,016	46,454	57,152	64,958	78,328	93,241	109,567	127,654	147,624	173,304	201,111	231,193	263,708	294,581
당기잉여금		-436	536	3,250	5,365	5,733	6,702	7,167	8,263	9,438	10,698	7,806	13,370	14,913	16,326	18,087	19,970	25,680	27,807	30,082	32,515	30,874
장기차입금잔고		55,430	51,735	48,039	44,344	40,649	36,953	33,258	29,563	25,867	22,172	18,477	14,781	11,086	7,391	3,695	0	0	0	0	0	0
단기차입금잔고		0	0	0	0	0	0	0	0	0	0	0	0	0	0	0	0	0	0	0	0	0
보증금예탁잔고		0	0	0	0	0	0	0	0	0	0	0	0	0	0	0	0	0	0	0	0	0
Project-Cash Flow		-79,622	7,003	9,532	11,462	11,646	12,430	12,710	13,621	14,612	15,686	12,610	17,989	19,348	20,576	22,151	23,850	25,680	27,807	30,082	32,515	65,756
Equity-Cash Flow		-24,192	536	3,250	5,365	5,733	6,702	7,167	8,263	9,438	10,698	7,806	13,370	14,913	16,326	18,087	19,970	25,680	27,807	30,082	32,515	65,756
실질Cash Flow		-79,622	536	3,250	5,365	5,733	6,702	7,167	8,263	9,438	10,698	7,806	13,370	14,913	16,326	18,087	19,970	25,680	27,807	30,082	32,515	65,756

P-IRR	16.3%	IRR	11.2%
E-IRR		25.5%	
NPV	48,150원	(기대수익률 10%)	

(2) Ride Park

【손익계산서】		건설연도	1차연도	2차연도	3차연도	4차연도	5차연도	6차연도	7차연도	8차연도	9차연도	10차연도	11차연도	12차연도	13차연도	14차연도	15차연도	16차연도	17차연도	18차연도	19차연도	20차연도
매 출 액		0	55,800	59,148	62,697	66,459	70,446	74,673	79,153	83,903	88,937	94,273	99,929	105,925	112,281	119,017	126,158	133,728	141,752	150,257	159,272	168,828
소 계		0	55,800	59,148	62,697	66,459	70,446	74,673	79,153	83,903	88,937	94,273	99,929	105,925	112,281	119,017	126,158	133,728	141,752	150,257	159,272	168,828
영업경비	인건비	0	5,000	5,250	5,513	5,788	6,078	6,381	6,700	7,036	7,387	7,757	8,144	8,552	8,979	9,428	9,900	10,395	10,914	11,460	12,033	12,635
	음식재료비	0	6,696	7,098	7,524	7,975	8,454	8,961	9,498	10,068	10,672	11,313	11,992	12,711	13,474	14,282	15,139	16,047	17,010	18,031	19,113	20,259
	물건판매원가	0	10,881	11,534	12,226	12,959	13,737	14,561	15,435	16,361	17,343	18,383	19,486	20,655	21,895	23,208	24,601	26,077	27,642	29,300	31,058	32,922
	광고선전비	0	2,790	1,183	1,254	1,329	1,409	1,493	1,583	1,678	1,779	1,885	1,999	2,119	2,246	2,380	2,523	2,675	2,835	3,005	3,185	3,377
	수도광열비	0	600	630	662	695	729	766	804	844	886	931	977	1,026	1,078	1,131	1,188	1,247	1,310	1,375	1,444	1,516
	제 경비	0	11,160	11,830	12,539	13,292	14,089	14,935	15,831	16,781	17,787	18,855	19,986	21,185	22,456	23,803	25,232	26,746	28,350	30,051	31,854	33,766
	일반관리비	0	2,790	2,957	3,135	3,323	3,522	3,734	3,958	4,195	4,447	4,714	4,996	5,296	5,614	5,951	6,308	6,686	7,088	7,513	7,964	8,441
	유지수선비	0	40	40	40	40	40	40	40	40	40	40	40	40	40	40	40	40	40	40	40	40
	토지임차료	0	0	0	0	0	0	0	0	0	0	0	0	0	0	0	0	0	0	0	0	0
	건물임차료	0	0	0	0	0	0	0	0	0	0	0	0	0	0	0	0	0	0	0	0	0
	보험료	0	44	44	44	44	44	44	44	44	44	44	44	44	44	44	44	44	44	44	44	44
	토지세	99	99	99	99	99	99	99	99	99	99	99	99	99	99	99	99	99	99	99	99	99
	건물세	0	99	99	99	99	99	99	99	99	99	99	99	99	99	99	99	99	99	99	99	99
	토지취득세 등록세	1,642	0	0	0	0	0	0	0	0	0	0	0	0	0	0	0	0	0	0	0	0
	감가상각비	0	9,908	9,908	9,908	9,642	9,642	8,922	8,922	8,922	8,922	588	588	588	305	305	305	305	305	305	305	305
	추가투자		5,250	5,250	5,250	5,250	5,250	5,250	5,250	5,250	5,250	5,250	5,250	5,250	5,250	5,250	5,250	5,250	5,250	5,250	5,250	5,250
계		1,740	55,356	55,921	58,291	60,534	63,191	65,284	68,262	71,415	74,754	69,956	73,700	77,663	81,577	86,021	90,726	95,709	100,985	106,572	112,487	118,752
영업이익		-1,740	444	3,227	4,406	5,925	7,256	9,389	10,891	12,487	14,182	24,316	26,229	28,262	30,704	32,997	35,432	38,019	40,767	43,685	46,785	50,077
수령이자		0	3,773	3,805	3,947	4,137	4,377	4,673	5,021	5,433	5,914	6,469	7,010	7,631	8,341	9,140	10,040	11,046	12,472	14,017	15,691	17,503
보증금수령이자		0	0	0	0	0	0	0	0	0	0	0	0	0	0	0	0	0	0	0	0	0
지불이자(장기)		0	5,704	5,324	4,943	4,563	4,183	3,803	3,422	3,042	2,662	2,282	1,901	1,521	1,141	761	380	0	0	0	0	0
지불이자(단기)		0	0	0	0	0	0	0	0	0	0	0	0	0	0	0	0	0	0	0	0	0
금리공제후당기이익		-1,740	-1,488	1,709	3,409	5,499	7,450	10,260	12,490	14,878	17,435	28,504	31,338	34,372	37,903	41,376	45,092	49,066	53,239	57,702	62,476	67,580
법인세 등		0	0	478	955	1,540	2,086	2,873	3,497	4,166	4,882	7,981	8,775	9,624	10,613	11,585	12,626	13,738	14,907	16,157	17,493	18,922
세금공제후 이익		-1,740	-1,488	1,230	2,455	3,959	5,364	7,387	8,993	10,712	12,553	20,523	22,563	24,748	27,290	29,791	32,466	35,327	38,332	41,546	44,983	48,657
누적손익		-1,740	-3,228	-1,998	457	4,416	9,780	17,167	26,159	36,872	49,425	69,948	92,511	117,259	144,549	174,340	206,806	242,133	280,465	322,011	366,994	415,651

【자금운용표】		건설연도	1차연도	2차연도	3차연도	4차연도	5차연도	6차연도	7차연도	8차연도	9차연도	10차연도	11차연도	12차연도	13차연도	14차연도	15차연도	16차연도	17차연도	18차연도	19차연도	20차연도
자금조달	전기이월금	0	94,320	95,135	98,668	103,426	109,421	116,821	125,525	135,834	147,862	161,732	175,238	190,784	208,515	228,505	250,996	276,161	311,793	350,430	392,281	437,569
	자기자금	48,891	0	0	0	0	0	0	0	0	0	0	0	0	0	0	0	0	0	0	0	0
	보증금 원금반환	0	0	0	0	0	0	0	0	0	0	0	0	0	0	0	0	0	0	0	0	0
	차입금(장기)	114,080	0	0	0	0	0	0	0	0	0	0	0	0	0	0	0	0	0	0	0	0
	차입금(단기)	0	0	0	0	0	0	0	0	0	0	0	0	0	0	0	0	0	0	0	0	0
	감가상각비	0	9,908	9,908	9,908	9,642	9,642	8,922	8,922	8,922	8,922	588	588	588	305	305	305	305	305	305	305	305
	세금공제후 이익	-1,740	-1,488	1,230	2,455	3,959	5,364	7,387	8,993	10,712	12,553	20,523	22,563	24,748	27,290	29,731	32,466	35,327	38,332	41,546	44,983	48,657
계		161,231	102,740	106,274	111,031	117,027	124,427	133,130	143,439	155,468	169,337	182,843	198,389	216,120	236,110	258,601	283,767	311,793	350,430	392,281	437,569	486,531
자금운용	부지취득비	46,911	0	0	0	0	0	0	0	0	0	0	0	0	0	0	0	0	0	0	0	0
	건설투자액 합계	20,000	0	0	0	0	0	0	0	0	0	0	0	0	0	0	0	0	0	0	0	0
	건설협력금	0	0	0	0	0	0	0	0	0	0	0	0	0	0	0	0	0	0	0	0	0
	보증금	0	0	0	0	0	0	0	0	0	0	0	0	0	0	0	0	0	0	0	0	0
	차입금(장기) 원금반환	0	7,605	7,605	7,605	7,605	7,605	7,605	7,605	7,605	7,605	7,605	7,605	7,605	7,605	7,605	7,605	0	0	0	0	0
	차입금(단기) 원금반환	0	0	0	0	0	0	0	0	0	0	0	0	0	0	0	0	0	0	0	0	0
계		66,911	7,605	7,605	7,605	7,605	7,605	7,605	7,605	7,605	7,605	7,605	7,605	7,605	7,605	7,605	7,605	0	0	0	0	0
차기이월금		94,320	95,135	98,668	103,426	109,421	116,821	125,525	135,834	147,862	161,732	175,238	190,784	208,515	228,505	250,996	276,161	311,793	350,430	392,281	437,569	486,531
당기잉여금		94,320	815	3,533	4,758	5,995	7,400	8,703	10,309	12,029	13,869	13,506	15,546	17,731	19,990	22,491	25,166	35,632	38,637	41,851	45,288	48,962
장기차입금잔고		114,080	106,475	93,869	91,264	83,659	76,053	68,448	60,843	53,237	45,632	38,027	30,421	22,816	15,211	7,605	0	0	0	0	0	0
단기차입금잔고		0	0	0	0	0	0	0	0	0	0	0	0	0	0	0	0	0	0	0	0	0
보증금예탁잔고		0	0	0	0	0	0	0	0	0	0	0	0	0	0	0	0	0	0	0	0	0
실질Cash Flow		-68,652	815	3,533	4,758	5,995	7,400	8,703	10,309	12,029	13,869	13,506	15,546	17,731	19,990	22,491	25,166	35,632	38,637	41,851	45,288	34,474

I R R	14.4%	
N P V	20,335백만원	(기대수익률 11.5%)

(3) Spa Park

【손익계산서】		건설 연도	1차 연도	2차 연도	3차 연도	4차 연도	5차 연도	6차 연도	7차 연도	8차 연도	9차 연도	10차 연도	11차 연도	12차 연도	13차 연도	14차 연도	15차 연도	16차 연도	17차 연도	18차 연도	19차 연도	20차 연도
매 출 액		0	52,500	55,650	58,989	62,528	66,280	70,257	74,472	78,941	83,677	88,698	94,020	99,661	105,640	111,979	118,697	125,819	133,368	141,371	149,853	158,844
소 계		0	52,500	55,650	58,989	62,528	66,280	70,257	74,472	78,941	83,677	88,698	94,020	99,661	105,640	111,979	118,697	125,819	133,368	141,371	149,853	158,844
영업경비	인건비	0	3,600	3,780	3,969	4,167	4,376	4,595	4,824	5,066	5,319	5,585	5,864	6,157	6,465	6,788	7,128	7,484	7,858	8,251	8,664	9,097
	음식재료비	0	6,300	6,678	7,079	7,503	7,954	8,431	8,937	9,473	10,041	10,644	11,282	11,959	12,677	13,437	14,244	15,098	16,004	16,964	17,982	19,061
	물건판매원가	0	6,825	7,235	7,669	8,129	8,616	9,133	9,681	10,262	10,878	11,531	12,223	12,956	13,733	14,557	15,431	16,357	17,338	18,378	19,481	20,650
	광고선전비	0	2,625	1,113	1,180	1,251	1,326	1,405	1,489	1,579	1,674	1,774	1,880	1,993	2,113	2,240	2,374	2,516	2,667	2,827	2,997	3,177
	수도광열비	0	2,508	2,633	2,765	2,903	3,048	3,201	3,361	3,529	3,705	3,891	4,085	4,290	4,504	4,729	4,966	5,214	5,475	5,748	6,036	6,338
	제 경비	0	10,500	11,130	11,798	12,506	13,256	14,051	14,894	15,788	16,735	17,740	18,804	19,932	21,128	22,396	23,739	25,164	26,674	28,274	29,971	31,769
	일반관리비	0	2,625	2,783	2,949	3,126	3,314	3,513	3,724	3,947	4,184	4,435	4,701	4,983	5,282	5,599	5,935	6,291	6,668	7,069	7,493	7,942
	유지수선비	0	167	167	167	167	167	167	167	167	167	167	167	167	167	167	167	167	167	167	167	167
	토지임차료	0	0	0	0	0	0	0	0	0	0	0	0	0	0	0	0	0	0	0	0	0
	건물임차료	0	0	0	0	0	0	0	0	0	0	0	0	0	0	0	0	0	0	0	0	0
	보험료	0	184	184	184	184	184	184	184	184	184	184	184	184	184	184	184	184	184	184	184	184
	토지세	48	48	48	48	48	48	48	48	48	48	48	48	48	48	48	48	48	48	48	48	48
	건물세	0	48	48	48	48	48	48	48	48	48	48	48	48	48	48	48	48	48	48	48	48
	토지취득세 등록세	793	0	0	0	0	0	0	0	0	0	0	0	0	0	0	0	0	0	0	0	0
	감가상각비	0	6,051	6,051	6,051	4,853	4,853	3,749	3,749	3,749	3,749	3,749	3,749	3,749	1,053	1,053	1,053	1,053	1,053	1,053	1,053	1,053
	추가투자											8,360										8,360
계		840	41,481	41,849	43,906	44,885	47,189	48,525	51,107	53,839	56,732	68,154	63,035	66,466	67,402	71,246	75,316	79,624	84,184	89,012	94,123	107,893
영업이익		-840	11,019	13,801	15,083	17,644	19,091	21,732	23,366	25,101	26,945	20,544	30,984	33,195	38,239	40,733	43,382	46,196	49,184	52,359	55,730	50,951
수령이자		0	434	434	333	344	741	1,199	1,710	2,291	2,946	3,681	4,261	5,166	6,169	7,246	8,434	9,741	11,174	12,962	14,893	16,977
보증금수령이자		0	0	0	0	0	0	0	0	0	0	0	0	0	0	0	0	0	0	0	0	0
지불이식(장기)		0	4,128	3,853	3,578	3,303	3,027	2,752	2,477	2,202	1,927	1,651	1,376	1,101	826	550	275	0	-275	-275	-275	-275
지불이식(단기)		0	0	102	16	0	0	0	0	0	0	0	0	0	0	0	0	0	0	0	0	0
금리공제후 당기이익		-840	7,326	10,281	11,822	14,685	16,805	20,179	22,599	25,190	27,964	22,574	33,869	37,260	43,582	47,429	51,541	55,936	60,633	65,596	70,899	68,203
법인세 등		0	2,051	2,879	3,310	4,112	4,705	5,650	6,328	7,053	7,830	6,321	9,483	10,433	12,203	13,280	14,431	15,662	16,977	18,367	19,852	19,097
세금공제후 이익		-840	5,274	7,402	8,512	10,573	12,099	14,529	16,271	18,137	20,134	16,253	24,386	26,827	31,379	34,149	37,109	40,274	43,656	47,229	51,047	49,106
누적손익		-840	4,434	11,836	20,348	30,921	43,021	57,550	73,821	91,958	112,092	128,345	152,731	179,558	210,937	245,086	282,195	322,469	366,125	413,354	464,401	513,507

【자금운용표】		건설 연도	1차 연도	2차 연도	3차 연도	4차 연도	5차 연도	6차 연도	7차 연도	8차 연도	9차 연도	10차 연도	11차 연도	12차 연도	13차 연도	14차 연도	15차 연도	16차 연도	17차 연도	18차 연도	19차 연도	20차 연도
자금조달	전기이월금	0	10,860	10,860	8,321	8,609	18,531	29,979	42,753	57,269	73,651	92,030	106,528	129,159	154,232	181,160	210,857	243,516	279,339	324,048	372,330	424,430
	자기자본	35,386	0	0	0	0	0	0	0	0	0	0	0	0	0	0	0	0	0	0	0	0
	보증금원금반환	0	0	0	0	0	0	0	0	0	0	0	0	0	0	0	0	0	0	0	0	0
	차입금(장기)	82,566	0	0	0	0	0	0	0	0	0	0	0	0	0	0	0	0	0	0	0	0
	차입금(단기)	0	2,539	411	0	0	0	0	0	0	0	0	0	0	0	0	0	0	0	0	0	0
	감가상각비	0	6,051	6,051	6,051	4,853	4,853	3,749	3,749	3,749	3,749	3,749	3,749	3,749	1,053	1,053	1,053	1,053	1,053	1,053	1,053	1,053
	세금공제후이익	-840	5,274	7,402	8,512	10,573	12,099	14,529	16,271	18,137	20,134	16,253	24,386	26,827	31,379	34,149	37,109	40,274	43,656	47,229	51,047	49,106
계		117,111	24,725	24,725	22,884	24,035	35,483	48,257	62,773	79,155	97,535	112,033	134,664	159,736	186,664	216,362	249,020	284,843	324,048	372,330	424,430	474,590
자금운용	부지취득비	22,651	0	0	0	0	0	0	0	0	0	0	0	0	0	0	0	0	0	0	0	0
	건설투자액합계	83,600	0	0	0	0	0	0	0	0	0	0	0	0	0	0	0	0	0	0	0	0
	개업비	0	8,360	8,360	8,360	0	0	0	0	0	0	0	0	0	0	0	0	0	0	0	0	0
	건설협력금	0	0	0	0	0	0	0	0	0	0	0	0	0	0	0	0	0	0	0	0	0
	보증금	0	0	0	0	0	0	0	0	0	0	0	0	0	0	0	0	0	0	0	0	0
	차입금(장기) 원금반환	0	5,504	5,504	5,504	5,504	5,504	5,504	5,504	5,504	5,504	5,504	5,504	5,504	5,504	5,504	5,504	5,504	0	0	0	0
	차입금(단기) 원금반환	0	0	2,539	411	0	0	0	0	0	0	0	0	0	0	0	0	0	0	0	0	0
계		106,251	13,864	16,403	14,275	5,504	5,504	5,504	5,504	5,504	5,504	5,504	5,504	5,504	5,504	5,504	5,504	5,504	0	0	0	0
차기이월금		10,860	10,860	8,321	8,609	18,531	29,979	42,753	57,269	73,651	92,030	106,528	129,159	154,232	181,160	210,857	243,516	279,339	324,048	372,330	424,430	474,590
당기잉여금		10,860	-2,539	-411	698	9,922	11,448	12,774	14,516	16,382	18,379	14,498	22,631	25,072	26,928	29,698	32,658	35,823	44,709	48,282	52,100	50,160
장기차입금잔고		82,566	77,062	71,557	66,053	60,549	55,044	49,540	44,035	38,531	33,027	27,522	22,018	16,513	11,009	5,504	0	-5,504	-5,504	-5,504	-5,504	-5,504
단기차입금잔고		0	2,539	411	0	0	0	0	0	0	0	0	0	0	0	0	0	0	0	0	0	0
보증금예탁잔고		0	0	0	0	0	0	0	0	0	0	0	0	0	0	0	0	0	0	0	0	0
Project-Cash Flow		-118,792	7,094	9,048	9,797	18,729	19,980	21,031	22,498	24,088	25,810	21,654	29,512	31,678	33,258	35,752	38,438	41,327	44,434	48,007	51,825	49,885
Equity-Cash Flow		-36,226	5,821	5,410	8,647	9,922	11,448	12,774	14,516	16,382	18,379	14,498	22,631	25,072	26,928	29,698	32,658	35,823	44,709	48,282	52,100	50,160
실질Cash Flow		-107,092	-2,539	-411	698	9,922	11,448	12,774	14,516	16,382	18,379	14,498	22,631	25,072	26,928	29,698	32,658	35,823	44,709	48,282	52,100	50,160

P-IRR	15.6%	IRR	11.6%
E-IRR	29.1%		
N P V	66,034백만원	(기대수익률 10%)	

(4) Wellness Club

【손익계산서】		건설 연도	1차 연도	2차 연도	3차 연도	4차 연도	5차 연도	6차 연도	7차 연도	8차 연도	9차 연도	10차 연도	11차 연도	12차 연도	13차 연도	14차 연도	15차 연도	16차 연도	17차 연도	18차 연도	19차 연도	20차 연도
매출액	분양수입	0	74,730	47,700	31,800																	
	(분양비율)		47%	30%	20%																	
	연회비수입 (Cotage)		5,414	8,959	11,399	11,513	11,628	11,744	11,862	11,980	12,100	12,221	12,343	12,467	12,592	12,718	12,845	12,973	13,103	13,234	13,366	13,500
	연회비수입 (Condo)		25	42	53	54	55	55	56	56	57	57	58	58	59	60	60	61	61	62	63	63
	분양종료비율		47%	77%	97%	97%	97%	97%	97%	97%	97%	97%	97%	97%	97%	97%	97%	97%	97%	97%	97%	97%
	임대(Tenant)		504	509	514	519	524	530	535	540	546	551	557	562	568	574	579	585	591	597	603	609
소계		0	80,674	57,210	43,767	12,086	12,207	12,329	12,452	12,577	12,703	12,830	12,958	13,088	13,219	13,351	13,484	13,619	13,755	13,893	14,032	14,172
영업경비	광고선전비	31,800	7,950	0	0	0	0	0	0	0	0	0	0	0	0	0	0	0	0	0	0	0
	인건비	0	1,400	1,470	1,544	1,621	1,702	1,787	1,876	1,970	2,068	2,172	2,280	2,394	2,514	2,640	2,772	2,910	3,056	3,209	3,369	3,538
	수도광열비	0	1,571	1,650	1,732	1,819	1,910	2,005	2,105	2,211	2,321	2,437	2,559	2,687	2,821	2,963	3,111	3,266	3,429	3,601	3,781	3,970
	제 경비	0	14,946	9,540	6,360	0	0	0	0	0	0	0	0	0	0	0	0	0	0	0	0	0
	일반관리비	0	3,737	2,385	1,590	0	0	0	0	0	0	0	0	0	0	0	0	0	0	0	0	0
	유지수선비	0	1,571	1,571	1,571	1,571	1,571	1,571	1,571	1,571	1,571	1,571	1,571	1,571	1,571	1,571	1,571	1,571	1,571	1,571	1,571	1,571
	토지임차료	0	0	0	0	0	0	0	0	0	0	0	0	0	0	0	0	0	0	0	0	0
	건물임차료	0	0	0	0	0	0	0	0	0	0	0	0	0	0	0	0	0	0	0	0	0
	보험료	0	230	230	230	230	230	230	230	230	230	230	230	230	230	230	230	230	230	230	230	230
	토지세	314	314	314	314	314	314	314	314	314	314	314	314	314	314	314	314	314	314	314	314	314
	건물세	0	314	314	314	314	314	314	314	314	314	314	314	314	314	314	314	314	314	314	314	314
	토지취득세 등록세	5,237	0	0	0	0	0	0	0	0	0	0	0	0	0	0	0	0	0	0	0	0
	감가상각비	0	10,149	10,149	10,149	7,363	7,363	1,787	1,787	1,787	1,787	1,787	1,787	1,787	945	945	945	945	945	945	945	945
	추가투자											8,359										8,359
계		37,351	42,183	27,624	23,805	13,232	13,404	8,009	8,198	8,397	8,606	17,185	9,056	9,298	8,710	8,977	9,257	9,551	9,860	10,184	10,525	19,241
영업이익		-37,351	38,491	29,586	19,962	-1,146	-1,197	4,321	4,254	4,180	4,096	-4,355	3,902	3,789	4,508	4,374	4,227	4,068	3,895	3,708	3,507	-5,069
수령이자		0	5,200	6,396	7,381	8,128	8,187	8,259	8,279	8,308	8,347	8,396	8,396	8,276	8,347	8,417	8,497	8,586	8,989	9,398	9,813	10,234
보증금수령이자		0	0	0	0	0	0	0	0	0	0	0	0	0	0	0	0	0	0	0	0	0
지불이자(장기)		0	5,705	5,324	4,944	4,564	4,183	3,803	3,423	3,042	2,662	2,282	1,902	1,521	1,141	761	380	0	0	0	0	0
지불이자(단기)		0	0	0	0	0	0	0	0	0	0	0	182	0	0	0	0	0	0	0	0	0
금리공제후 당기이익		-37,351	37,987	30,658	22,398	2,418	2,807	8,776	9,110	9,445	9,782	1,759	10,214	10,544	11,714	12,031	12,344	12,654	12,884	13,106	13,320	5,165
법인세 등		0	10,636	8,584	6,272	677	786	2,457	2,551	2,645	2,739	493	2,860	2,952	3,280	3,369	3,456	3,543	3,607	3,670	3,730	1,446
세금공제후 이익		-37,351	27,350	22,074	16,127	1,741	2,021	6,319	6,559	6,801	7,043	1,267	7,354	7,592	8,434	8,662	8,888	9,111	9,276	9,436	9,590	3,719
누적손익		-37,351	-10,001	12,073	28,200	29,940	31,962	38,280	44,840	51,640	58,683	59,950	67,304	74,896	83,330	91,992	100,880	109,991	119,267	128,704	138,294	142,012

【자금운용표】		건설 연도	1차 연도	2차 연도	3차 연도	4차 연도	5차 연도	6차 연도	7차 연도	8차 연도	9차 연도	10차 연도	11차 연도	12차 연도	13차 연도	14차 연도	15차 연도	16차 연도	17차 연도	18차 연도	19차 연도	20차 연도
자금조달	전기이월금	0	130,009	159,902	184,519	203,189	204,687	206,465	206,964	207,704	208,685	209,909	209,909	206,891	208,663	210,435	212,436	214,662	224,718	234,939	245,320	255,855
	분양권판매수입	159,000	0	0	0	0	0	0	0	0	0	0	0	0	0	0	0	0	0	0	0	0
	자기자금	48,897	0	0	0	0	0	0	0	0	0	0	0	0	0	0	0	0	0	0	0	0
	보증금원금반환	0	0	0	0	0	0	0	0	0	0	0	0	0	0	0	0	0	0	0	0	0
	차입금(장기)	114,092	0	0	0	0	0	0	0	0	0	0	0	0	0	0	0	0	0	0	0	0
	차입금(단기)	0	0	0	0	0	0	0	0	0	0	4,553	0	0	0	0	0	0	0	0	0	0
	감가상각비	0	10,149	10,149	10,149	7,363	7,363	1,787	1,787	1,787	1,787	1,787	1,787	1,787	945	945	945	945	945	945	945	945
	세금공제후이익	-37,351	27,350	22,074	16,127	1,741	2,021	6,319	6,559	6,801	7,043	1,267	7,354	7,592	8,434	8,662	8,888	9,111	9,276	9,436	9,590	3,719
계		284,638	167,509	192,126	210,796	212,293	214,071	214,570	215,310	216,291	217,515	217,515	219,050	216,269	218,042	220,042	222,268	224,718	234,939	245,320	255,855	260,518
자금운용	부지취득비	49,890	0	0	0	0	0	0	0	0	0	0	0	0	0	0	0	0	0	0	0	0
	건설투자액합계	104,739	0	0	0	0	0	0	0	0	0	0	0	0	0	0	0	0	0	0	0	0
	건설협력금	0	0	0	0	0	0	0	0	0	0	0	0	0	0	0	0	0	0	0	0	0
	보증금	0	0	0	0	0	0	0	0	0	0	0	0	0	0	0	0	0	0	0	0	0
	차입금(장기)원금반환	0	7,606	7,606	7,606	7,606	7,606	7,606	7,606	7,606	7,606	7,606	7,606	7,606	7,606	7,606	7,606	0	0	0	0	0
	차입금(단기)원금반환	0	0	0	0	0	0	0	0	0	0	0	4,553	0	0	0	0	0	0	0	0	0
계		154,629	7,606	7,606	7,606	7,606	7,606	7,606	7,606	7,606	7,606	7,606	12,159	7,606	7,606	7,606	7,606	0	0	0	0	0
차기이월금		130,009	159,902	184,519	203,189	204,687	206,465	206,964	207,704	208,685	209,909	209,909	206,891	208,663	210,435	212,436	214,662	224,718	234,939	245,320	255,855	260,518
당기잉여금		130,009	29,894	24,617	18,670	1,498	1,778	499	740	981	1,223	-4,553	1,535	1,772	1,772	2,000	2,226	10,056	10,221	10,381	10,535	4,663
장기차입금잔고		114,092	106,486	98,880	91,274	83,668	76,062	68,455	60,849	53,243	45,637	38,031	30,425	22,818	15,212	7,606	0	0	0	0	0	0
단기차입금잔고		0	0	0	0	0	0	0	0	0	0	4,553	0	0	0	0	0	0	0	0	0	0
보증금예탁잔고		0	0	0	0	0	0	0	0	0	0	0	0	0	0	0	0	0	0	0	0	0
실질Cash Flow		-32,980	29,894	24,617	18,670	1,498	1,778	499	740	981	1,223	-4,553	1,535	1,772	1,772	2,000	2,226	10,056	10,221	10,381	10,535	102,415

I R R		61.1%
N P V	44,001백만원	(기대수익률 11.5%)

(5) 1급 호텔

【손익계산서】		건설 연도	1차 연도	2차 연도	3차 연도	4차 연도	5차 연도	6차 연도	7차 연도	8차 연도	9차 연도	10차 연도	11차 연도	12차 연도	13차 연도	14차 연도	15차 연도	16차 연도	17차 연도	18차 연도	19차 연도	20차 연도
매 출 액		0	11,154	12,838	13,853	16,499	17,489	18,538	19,650	20,829	22,079	23,404	24,808	26,297	27,874	29,547	31,320	33,199	35,191	37,302	39,540	41,913
소 계		0	11,154	12,838	13,853	16,499	17,489	18,538	19,650	20,829	22,079	23,404	24,808	26,297	27,874	29,547	31,320	33,199	35,191	37,302	39,540	41,913
영업경비	인건비	0	4,100	4,305	4,520	4,746	4,984	5,233	5,494	5,769	6,058	6,360	6,678	7,012	7,363	7,731	8,118	8,524	8,950	9,397	9,867	10,360
	음식재료비	0	1,515	1,606	1,703	1,805	1,913	2,028	2,150	2,279	2,415	2,560	2,714	2,877	3,049	3,232	3,426	3,632	3,850	4,081	4,326	4,585
	광고선전비	0	558	257	277	330	350	371	393	417	442	468	496	526	557	591	626	664	704	746	791	838
	수도광열비	0	220	231	242	254	267	281	295	309	325	341	358	376	395	414	435	457	480	504	529	555
	제 경비	0	2,231	2,568	2,771	3,300	3,498	3,708	3,930	4,166	4,416	4,681	4,962	5,259	5,575	5,909	6,264	6,640	7,038	7,460	7,908	8,383
	일반관리비	0	1,004	1,155	1,247	1,485	1,574	1,668	1,769	1,875	1,987	2,106	2,233	2,367	2,509	2,659	2,819	2,988	3,167	3,357	3,559	3,772
	유지수선비	0	220	220	220	220	220	220	220	220	220	220	220	220	220	220	220	220	220	220	220	220
	토지임차료	0	0	0	0	0	0	0	0	0	0	0	0	0	0	0	0	0	0	0	0	0
	건물임차료	0	0	0	0	0	0	0	0	0	0	0	0	0	0	0	0	0	0	0	0	0
	보험료	0	32	32	32	32	32	32	32	32	32	32	32	32	32	32	32	32	32	32	32	32
	토지세	19	19	19	19	19	19	19	19	19	19	19	19	19	19	19	19	19	19	19	19	19
	건물세	0	31	31	31	31	31	31	31	31	31	31	31	31	31	31	31	31	31	31	31	31
	토지취득세 등록세	311	0	0	0	0	0	0	0	0	0	0	0	0	0	0	0	0	0	0	0	0
	감가상각비	0	1,157	1,157	1,157	945	945	435	435	435	435	435	435	435	223	223	223	223	223	223	223	223
	추가투자											1,465										1,465
계		330	11,086	11,581	12,218	13,167	13,832	14,025	14,767	15,551	16,379	18,719	18,178	19,154	19,973	21,062	22,213	23,428	24,713	26,070	27,504	30,483
영업이익		-330	68	1,257	1,634	3,332	3,657	4,513	4,883	5,279	5,700	4,685	6,630	7,143	7,902	8,485	9,107	9,770	10,478	11,232	12,037	11,429
수령이자		0	70	70	50	74	142	222	311	415	535	672	785	960	1,156	1,373	1,614	1,882	2,227	2,602	3,009	3,451
보증금수령이자		0	0	0	0	0	0	0	0	0	0	0	0	0	0	0	0	0	0	0	0	0
지불이자(장기)		0	897	837	777	717	658	598	538	478	419	359	299	239	179	120	60	0	0	0	0	0
지불이자(단기)		0	0	32	0	0	0	0	0	0	0	0	0	0	0	0	0	0	0	0	0	0
금리공제후 당기이익		-330	-759	459	907	2,689	3,141	4,138	4,656	5,215	5,816	4,998	7,117	7,863	8,878	9,738	10,661	11,653	12,705	13,834	15,046	14,880
법인세 등		0	0	128	254	753	880	1,159	1,304	1,460	1,629	1,399	1,993	2,202	2,486	2,727	2,985	3,263	3,557	3,873	4,213	4,166
세금공제후이익		-330	-759	330	653	1,936	2,262	2,979	3,353	3,755	4,188	3,599	5,124	5,662	6,392	7,011	7,676	8,390	9,147	9,960	10,833	10,714
누적손익		-330	-1,089	-758	-105	1,831	4,092	7,072	10,424	14,179	18,367	21,965	27,089	32,751	39,143	46,154	53,831	62,220	71,368	81,328	92,161	102,875

【자금운용표】		건설 연도	1차 연도	2차 연도	3차 연도	4차 연도	5차 연도	6차 연도	7차 연도	8차 연도	9차 연도	10차 연도	11차 연도	12차 연도	13차 연도	14차 연도	15차 연도	16차 연도	17차 연도	18차 연도	19차 연도	20차 연도
자금조달	전기이월금	0	1,753	1,753	1,247	1,862	3,547	5,558	7,777	10,369	13,363	16,790	19,628	23,992	28,893	34,313	40,351	47,054	55,667	65,038	75,221	86,277
	자기자본	7,687	0	0	0	0	0	0	0	0	0	0	0	0	0	0	0	0	0	0	0	0
	보증금원금반환	0	0	0	0	0	0	0	0	0	0	0	0	0	0	0	0	0	0	0	0	0
	차입금(장기)	17,937	0	0	0	0	0	0	0	0	0	0	0	0	0	0	0	0	0	0	0	0
	차입금(단기)	0	797	0	0	0	0	0	0	0	0	0	0	0	0	0	0	0	0	0	0	0
	감가상각비	0	1,157	1,157	1,157	945	945	435	435	435	435	435	435	435	223	223	223	223	223	223	223	223
	세금공제후이익	-330	-759	330	653	1,936	2,262	2,979	3,353	3,755	4,188	3,599	5,124	5,662	6,392	7,011	7,676	8,390	9,147	9,960	10,833	10,714
계		25,294	2,949	3,240	3,058	4,743	6,754	8,972	11,565	14,559	17,986	20,824	25,188	30,089	35,508	41,547	48,250	55,667	65,038	75,221	86,277	97,214
자금운용	부지취득비	8,889	0	0	0	0	0	0	0	0	0	0	0	0	0	0	0	0	0	0	0	0
	건설투자액합계	14,652	0	0	0	0	0	0	0	0	0	0	0	0	0	0	0	0	0	0	0	0
	건설협력금	0	0	0	0	0	0	0	0	0	0	0	0	0	0	0	0	0	0	0	0	0
	보정금	0	0	0	0	0	0	0	0	0	0	0	0	0	0	0	0	0	0	0	0	0
	차입금(장기) 원금반환	0	1,196	1,196	1,196	1,196	1,196	1,196	1,196	1,196	1,196	1,196	1,196	1,196	1,196	1,196	1,196	0	0	0	0	0
	차입금(단기) 원금반환	0	0	797	0	0	0	0	0	0	0	0	0	0	0	0	0	0	0	0	0	0
계		23,541	1,196	1,993	1,196	1,196	1,196	1,196	1,196	1,196	1,196	1,196	1,196	1,196	1,196	1,196	1,196	0	0	0	0	0
차기이월금		1,753	1,753	1,247	1,862	3,547	5,558	7,777	10,369	13,363	16,790	19,628	23,992	28,893	34,313	40,351	47,054	55,667	65,038	75,221	86,277	97,214
당기잉여금		1,753	-797	292	615	1,685	2,011	2,219	2,592	2,994	3,427	2,838	4,364	4,901	5,420	6,039	6,703	8,613	9,370	10,183	11,056	10,937
장기차입금잔고		17,937	16,741	15,545	14,349	13,154	11,958	10,762	9,566	8,370	7,175	5,979	4,783	3,587	2,392	1,196	0	0	0	0	0	0
단기차입금잔고		0	797	0	0	0	0	0	0	0	0	0	0	0	0	0	0	0	0	0	0	0
보증금예탁잔고		0	0	0	0	0	0	0	0	0	0	0	0	0	0	0	0	0	0	0	0	0
실질Cash Flow		-23,871	-797	292	615	1,685	2,011	2,219	2,592	2,994	3,427	2,838	4,364	4,901	5,420	6,039	6,703	8,613	9,370	10,183	11,056	25,750

IRR	11.3%	
NPV	-421원	(기대수익률 11.5%)

(6) Outlet Mall & Restaurant

【손익계산서】		건설 연도	1차 연도	2차 연도	3차 연도	4차 연도	5차 연도	6차 연도	7차 연도	8차 연도	9차 연도	10차 연도	11차 연도	12차 연도	13차 연도	14차 연도	15차 연도	16차 연도	17차 연도	18차 연도	19차 연도	20차 연도
매 출 액		0	13,680	13,680	15,048	15,048	16,553	16,553	18,208	18,208	20,029	20,029	22,032	22,032	24,235	24,235	26,658	26,658	29,324	29,324	32,257	32,257
소 계		0	13,680	13,680	15,048	15,048	16,553	16,553	18,208	18,208	20,029	20,029	22,032	22,032	24,235	24,235	26,658	26,658	29,324	29,324	32,257	32,257
영업경비	인건비	0	410	431	452	475	498	523	549	577	606	636	668	701	736	773	812	852	895	940	987	1,036
	음식재료비	0	0	0	0	0	0	0	0	0	0	0	0	0	0	0	0	0	0	0	0	0
	광고선전비	0	274	274	301	301	331	331	364	364	401	401	441	441	485	485	533	533	586	586	645	645
	수도광열비	0	410	410	451	451	497	497	546	546	601	601	661	661	727	727	800	800	880	880	968	968
	제 경비	0	547	547	602	602	662	662	728	728	801	801	881	881	969	969	1,066	1,066	1,173	1,173	1,290	1,290
	일반관리비	0	2,736	2,736	3,010	3,010	3,311	3,311	3,642	3,642	4,006	4,006	4,406	4,406	4,847	4,847	5,332	5,332	5,865	5,865	6,451	6,451
	유지수선비	0	684	684	752	752	828	828	910	910	1,001	1,001	1,102	1,102	1,212	1,212	1,333	1,333	1,466	1,466	1,613	1,613
	토지임차료	0	0	0	0	0	0	0	0	0	0	0	0	0	0	0	0	0	0	0	0	0
	건물임차료	0	0	0	0	0	0	0	0	0	0	0	0	0	0	0	0	0	0	0	0	0
	보험료	0	101	101	101	101	101	101	101	101	101	101	101	101	101	101	101	101	101	101	101	101
	토지세	32	32	32	32	32	32	32	32	32	32	32	32	32	32	32	32	32	32	32	32	32
	건물세	0	97	97	97	97	97	97	97	97	97	97	97	97	97	97	97	97	97	97	97	97
	토지취득세 등록세	537	0	0	0	0	0	0	0	0	0	0	0	0	0	0	0	0	0	0	0	0
	감가상각비	0	2,129	2,129	2,129	2,129	2,129	2,129	2,129	2,129	2,129	2,129	2,129	2,129	2,129	2,129	2,129	2,129	2,129	2,129	2,129	2,129
	추가투자											9,226					0					9,226
계		570	7,421	7,441	7,928	7,951	8,486	8,511	9,100	9,127	9,775	19,032	10,518	10,552	11,336	11,373	12,235	12,276	13,225	13,270	14,314	23,589
영업이익		-570	6,259	6,239	7,120	7,097	8,067	8,042	9,108	9,081	10,254	997	11,514	11,480	12,899	12,862	14,423	14,383	16,099	16,055	17,943	8,668
수령이자		0	529	616	710	836	970	1,140	1,319	1,538	1,767	2,041	2,061	2,389	2,730	3,126	3,537	4,009	4,624	5,306	6,006	6,781
보증금수령이자		0	0	0	0	0	0	0	0	0	0	0	0	0	0	0	0	0	0	0	0	0
지불이자(장기)		0	2,355	2,198	2,041	1,884	1,727	1,570	1,413	1,256	1,099	942	785	628	471	314	157	0	0	0	0	0
지불이자(단기)		0	0	0	0	0	0	0	0	0	0	0	0	0	0	0	0	0	0	0	0	0
금리공제후 당기이익		-570	4,433	4,657	5,789	6,049	7,310	7,612	9,014	9,363	10,922	2,096	12,789	13,241	15,158	15,674	17,803	18,392	20,723	21,361	23,949	15,449
법인세 등		0	1,241	1,304	1,621	1,694	2,047	2,131	2,524	2,622	3,058	587	3,581	3,707	4,244	4,389	4,985	5,150	5,803	5,981	6,706	4,326
세금공제후 이익		-570	3,192	3,353	4,168	4,356	5,263	5,480	6,490	6,741	7,864	1,509	9,208	9,534	10,914	11,285	12,818	13,242	14,921	15,380	17,244	11,123
누적손익		-570	2,622	5,975	10,143	14,498	19,761	25,242	31,732	38,473	46,336	47,846	57,054	66,587	77,501	88,787	101,605	114,847	129,768	145,147	162,391	173,514

【자금운용표】		건설 연도	1차 연도	2차 연도	3차 연도	4차 연도	5차 연도	6차 연도	7차 연도	8차 연도	9차 연도	10차 연도	11차 연도	12차 연도	13차 연도	14차 연도	15차 연도	16차 연도	17차 연도	18차 연도	19차 연도	20차 연도
자금조달	전기이월금	0	13,220	15,401	17,743	20,899	24,244	28,496	32,965	38,444	44,174	51,026	51,525	59,722	68,244	78,147	88,421	100,228	115,599	132,649	150,158	169,531
	자기자본	20,186	0	0	0	0	0	0	0	0	0	0	0	0	0	0	0	0	0	0	0	0
	보증금원금반환	0	0	0	0	0	0	0	0	0	0	0	0	0	0	0	0	0	0	0	0	0
	차입금(장기)	47,101	0	0	0	0	0	0	0	0	0	0	0	0	0	0	0	0	0	0	0	0
	차입금(단기)	0	0	0	0	0	0	0	0	0	0	0	0	0	0	0	0	0	0	0	0	0
	감가상각비	0	2,129	2,129	2,129	2,129	2,129	2,129	2,129	2,129	2,129	2,129	2,129	2,129	2,129	2,129	2,129	2,129	2,129	2,129	2,129	2,129
	세금공제후이익	-570	3,192	3,353	4,168	4,356	5,263	5,480	6,490	6,741	7,864	1,509	9,208	9,534	10,914	11,285	12,818	13,242	14,921	15,380	17,244	11,123
계		66,718	18,54[illegible]	20,883	24,040	27,384	31,636	36,105	41,584	47,314	54,166	54,665	62,862	71,384	81,287	91,561	103,368	115,599	132,649	150,158	169,531	182,783
자금운용	부지취득비	15,354	0	0	0	0	0	0	0	0	0	0	0	0	0	0	0	0	0	0	0	0
	건설투자액합계	46,131	0	0	0	0	0	0	0	0	0	0	0	0	0	0	0	0	0	0	0	0
	개업비	4,613	0	0	0	0	0	0	0	0	0	0	0	0	0	0	0	0	0	0	0	0
	건설협력금	0	0	0	0	0	0	0	0	0	0	0	0	0	0	0	0	0	0	0	0	0
	보증금	-12,600	0	0	0	0	0	0	0	0	0	0	0	0	0	0	0	0	0	0	0	0
	차입금(장기)원금반환	0	3,140	3,140	3,140	3,140	3,140	3,140	3,140	3,140	3,140	3,140	3,140	3,140	3,140	3,140	3,140	0	0	0	0	0
	차입금(단기)원금반환	0	0	0	0	0	0	0	0	0	0	0	0	0	0	0	0	0	0	0	0	0
계		53,498	3,140	3,140	3,140	3,140	3,140	3,140	3,140	3,140	3,140	3,140	3,140	3,140	3,140	3,140	3,140	0	0	0	0	0
차기이월금		13,220	15,401	17,743	20,899	24,244	28,496	32,965	38,444	44,174	51,026	51,525	59,722	68,244	78,147	88,42[illegible]	100,228	115,599	132,649	150,158	169,531	182,783
당기잉여금		13,220	2,181	2,342	3,157	3,344	4,252	4,469	5,479	5,730	6,852	498	8,197	8,522	9,903	10,274	11,807	15,371	17,050	17,509	19,373	13,252
장기차입금잔고		47,101	43,961	40,821	37,681	34,541	31,401	28,261	25,121	21,981	18,841	15,700	12,560	9,420	6,280	3,140	0	0	0	0	0	0
단기차입금잔고		0	0	0	0	0	0	0	0	0	0	0	0	0	0	0	0	0	0	0	0	0
보증금예탁잔고		0	0	0	0	0	0	0	0	0	0	0	0	0	0	0	0	0	0	0	0	0
Project-Cash Flow		-67,857	7,676	7,680	8,338	8,369	9,119	9,180	10,032	10,126	11,092	4,580	12,122	12,291	13,514	13,723	15,104	15,371	17,050	17,509	19,373	36,770
Equity-Cash Flow		-20,756	2,181	2,342	3,157	3,344	4,252	4,469	5,479	5,730	6,852	498	8,197	8,522	9,903	10,274	11,807	15,371	17,050	17,509	19,373	36,770
실질Cash Flow		-54,067	2,181	2,342	3,157	3,344	4,252	4,469	5,479	5,730	6,852	498	8,197	8,522	9,903	10,274	11,807	15,371	17,050	17,509	19,373	36,770

P-IRR	13.7%	IRR	10.13%
E-IRR	21.3%		
N P V	20,404원	(기대수익률 10%)	

9. 해양센터사업개요와 사업성분석

(1) 사업개요

○ A시는 '주거단지 95호 근린공원' 부지(면적: 183,900㎡)를 해양센터(수족관), Aqua Pool(수영장), 생태학습시설 그리고 첨단복합재배어업센터를 갖춘 '해양센터'로 개발하는 구상을 세웠다.

○ A시가 소유한 부지에 국내외로부터 민간자본을 유치하여 해양센터로 개발하는 구상이다.

(2) 입 지

○ 부지는 A시 서부권에 입지하고 있으며, 서부권은 A시의 신개발지로서 발전 잠재력이 높은 지역이다. 서부권에는 국제공항이 현재 가동 중에 있고, 항만이 건설 중에 있기 때문에 교통기반이 우수한 지역이다. 이를 바탕으로 2개의 대형 산업단지가 조성되어 현재 가동 중에 있으며 물류단지, 유통단지 그리고 주택단지가 건설되고 있다.

○ 부지는 A시 도심으로부터 자동차로 30분의 거리에, 국제공항으로부터 10분 거리에 입지하고 있다. 부지주변에 대교 건설이 추진 중에 있어 A시내와 주변지역으로부터의 접근성이 더욱 향상될 것이다. 대규모 주택단지의 내부에 위치하고 있어서 주민들의 이용이 편리하다.

(3) 개발계획 및 투자비

○ A시는 해양센터(수족관)를 중점사업으로 Aqua Pool(수영장)과 생태학습시설을 보조사업 그리고 첨단복합재배어업센터를 공공시설로 건설할 예정이다. 이 사업을 위하여 총사업비는 약 556억원이 예상되며, 이 중 해양센터 및 부대시설의 건설투자비로 약 224억원이 예상된다.

(4) 사업자(Developer)

○ A시가 해양센터의 개발을 주도할 계획이다. A시는 부지를 소유하고 있으며, 개발사업에 많은 경험을 가지고 있고 지역주민과 관광객을 위한 레저공간을 조성하려는 강한 의지를 가지고 있다.

○ A시는 해양센터를 건립하기 위한 부지조성을 완료하였다. 이 부지에 민간자본과 함께 개발을 추진함에 있어서 A시를 중심으로 하는 공공기관이 해양센터 건립에 필요한 도시기반시설을 제공할 것이며, 해양센터 운영을 위한 예열을 제공할 예정이다.

(5) 사업내용(Project Description)

1) 개발컨셉

○ 부지 잠재력과 미래의 레저수요를 고려하여 해양센터의 개발목표를 다음과 같이 설정한다.

○ 강 하구의 생태계적 특성을 활용하는 해양 및 생태공원을 조성하여 A시 서부권 개발에 부합하는 시민의 건전한 휴식 및 여가공간으로 조성한다.

○ 동해와 남해, 강과 바다의 교차로 연근해 수산자원의 주요 산란 서식지인 강 하구 기수해역과 갯벌생태 등을 생생하게 보고 느끼며 체험할 수 있으며, 종묘재배방류 등 바다의 틈새 분야 개발로 사계절 교육·관광수익 실현이 가능한 기수종합생태단지를 조성한다.

○ 개발목표를 달성하기 위하여 문화(Culture), 건강(Health), 생태(Ecology)를 키워드로 하여 도입시설을 구상한다.

2) 토지이용계획

○ 개발컨셉에 기초하여 해양센터에 다음과 같은 시설을 도입하

는 것을 구상한다.

- 해양센터(수족관, 생물보급관리센터 기능)
- AQUA POOL(수영장 기능)
- 생태 학습시설
  - — 기수생태수로, 기수생태학습장
  - — 숭어양식 및 전시장, 허브원
  - — 수초관, 악어농장
- 첨단복합재배어업센터

(6) 시장분석(Market Analysis)

1) 관광객 수 현황

○ A시내의 주요 관광지 10개소의 입장객 수는 2000년의 경우 약 3,800만 명을 기록하였다.

○ A시를 방문한 해외관광객은 1999년부터 급격히 증가하기 시작하여 2000년의 경우 약 141만 명을 기록하여 한국을 방문한 전체 외국인관광객(약 489만 명)의 약 28.9%를 차지하였다.

2) 방문객 수 추정방법

○ 전국의 관광여행 총 잠재수요에서 'A지역 관광객 1차 잠재수요'를 추정하여 반복방문자(Repeater)를 적용하여 'A지역 관광객 총수요'를 추정한다. 그 다음 방문자 행동패턴에 의해 'A 해양센터 잠재방문객 수'를 추정한다. 다음에 해양센터 방문비율과 예상 경합시설과의 경쟁률을 고려하여 'A해양센터 유효방문객 수'를 도출한다.

○ 추정에 있어 다음과 같은 전제조건을 설정하였다. A시에서의 수요와 함께 전국지역으로부터의 유입수요를 포함한다. 예상 경합시설과의 경쟁률은 수도권 유사시설의 경쟁률을 적용한다. 외국인 수요는 A시내 유사시설을 방문하는 비율을 사용한다.

3) 해양센터 유효 방문객

○ 해양센터가 그랜드 오픈하는 2006년에 A지역에서의 해양센터 유효 방문객은 200만 명이 예상되며, 2010년에는 204만 명 그리고 2015년에는 209만 명으로 추정한다.

4) 해양센터 입장객 수요

○ 해양센터와 경합시설과의 경쟁률을 적용 추정한 결과에 의하면, 그랜드 오픈 연도인 2006년에는 110만 명, 2010년에는 112만 명, 2015년에는 115만 명의 방문객이 해양센터를 방문하는 것으로 추정된다.

[표 4-11] 해양센터 유효방문객수 (단위: 천명)

구 분	2006년	2010년	2015년	2020년
방문객 수	1,101	1,119	1,151	1,190

(7) 사업성분석(Financial Assumptions & Projections)

1) 기본 전제

○ 방문객 수 110만 명(2006년)으로 추정, 건물연면적 14,270㎡으로 산정한다.

- 토지매입비는 투자비에 계상하지 않는다.
- 도시기반시설 및 공원은 정부가 자체 비용으로 건설한다.
- 투자비의 50%는 자기자금, 50%는 차입금으로 조달한다.
- 차입금에 대한 금리는 8%를 적용한다.
- 해양센터 방문객 1인당 18,000원을 지출하는 것으로 가정한다(입장료 10,000원/음식 및 물품구입비 8,000원).
- 할인율(Discount Rate)은 10%를 적용한다.
- 해양센터의 전체시설 중, 해양센터, 허브원 그리고 생물보급관리센터를 대상으로 사업성 분석을 실시한다.

2) 사업일정

○ 해양센터는 아래에 기술된 일정대로 개발될 예정이다.

투자가 유치	2002~2003년
공사 착공	2004년
공사 완공	2005년
그랜드 오픈	2006년
운영기간	2006년~

(8) 사업성평가의 전제조건 설정

1) 토지 · 건물

총 부지면적	183,900	㎡
필요부지면적	63,103	㎡
유효율	15%	
건물연면적	9,465	㎡

※ 1인당 평균 부지소요면적 0.07㎡

2) 투자계획

토지단가		w/㎡
부지취득액합계	-	W, 부지무상제공

건설공사비	836,364	w/㎡
내장공사비	121,212	w/㎡
설비공사비	245,454	w/㎡
부대설비	242,424	w/㎡
설계감리비	175,455	w/㎡
단위합계	1,620,909	w
건설투자액 합계	18,942,608,780	w

허브관	기수보급센터
투자액	투자액
928,772,189	928,772,189
134,604,472	134,604,472
272,573,723	272,573,723
269,208,944	269,208,944
194,840,673	194,840,673
1,800,000,000	1,800,000,000

개업비비율	0.01	* 초년도매출
개업비	162,264,600	원

3) 자금조달계획

자기자금비율	0.50	*총투자액			
	<금액>			<금리>	
자기자금	9,471,304,390	w	개업시		
장기차입금	9,471,304,390	w	개업시	8.0%	/년

10년 원금 균등반환(현재 일반적 장기원금상환기간)

4) 수입계획

구분	항목	값	단위
<시설이용>	입장자수	901,470	인
	객단가요금	10,000	원
	입장료수입	9,014,700,000	원
<음식부문>			
	객단가	5,000	원/인
	음식부문합계	4,507,350,000	원
<판매부문>			
	객단가	3,000	
	판매부문합계	2,704,410,000	원
	매출액	16,226,460,000	원/년
	매출액 상승률	방문객 수요에 의해 상승	

5) 지출계획

인건비		1,513,000,000	원/년		9.3%	매출비율	1,509,060,780
	정규 사원수	57	인	정규사원 단가	25,000,000	원/연.인	
	비정규 사원수	11	인	비정규 사원단가	8,000,000	원/연.인	
	인건비 상승률	3	%				

음식재료비		1,442,352,000	원/년	초년도	32.0%	*음식부문수입
판매부문 원가		1,757,866,500	원/년	초년도	65.0%	*판매부문수입
광고선전비		811,323,000	원/년	초년도	5.0%	*매출액(초년도)
		–	원/년	2년도 이후	2.0%	*매출액(2년도 이후)
수도비		284,139,132	원/년	초년도	1.5%	*초기투자액(건설투자액)
광열비제외		–				
	상승율	3%				
제경비		3,245,292,000	원/년		20.0%	*매출액
일반관리비		811,323,000	원/년		5.0%	*매출액
유지수선비		37,885,218	원/년		0.20%	*건설투자액합계
보험료		41,673,739	원/년		0.22%	*건설투자액합계
토지세		–	원/년		0.30%	*부지취득액합계*0.7
건물세		39,779,478	원/년		0.30%	*건설투자액합계*0.7
취득세등록세		–	원		5.00%	*부지취득액*0.7
관리운영비 합계		**9,984,634,067**	원			
총계		**28,927,242,847**	원			

감가상각비	단년도		총비용			
건물공사비	244,352,336	원/년	9,774,093,456	원/년	40	연정액법*1.0
내장공사비	283,306,650	원/년	1,416,533,251	원/년	5	연정액법*1.0
설비공사비	239,039,694	원/년	2,868,476,328	원/년	12	연정액법*1.0
부품설비비	566,613,300	원/년	2,833,066,502	원/년	5	연정액법*1.0

연 차		2004년도	2005년도	2006년도	2007년도	2008년도	2009년도	2010년도	2011년도	2012년도	2013년도	2014년도	2015년도
		건설연도1	건설연도2	1년도	2년도	3년도	4년도	5년도	6년도	7년도	8년도	9년도	10년도
매출액	방문객수입			9,014,726,340	9,025,584,210	9,068,574,141	9,113,250,551	9,159,777,109	9,208,267,019	9,258,793,655	9,311,366,385	9,365,990,581	9,422,685,105
	부대사업수입			7,211,781,072	7,220,467,368	7,254,859,312	7,290,600,441	7,327,821,687	7,366,613,615	7,407,034,924	7,449,093,108	7,492,792,465	7,538,148,084
	계			16,226,507,412	16,246,051,577	16,323,433,453	16,403,850,992	16,487,598,797	16,574,880,634	16,665,828,579	16,760,459,493	16,858,783,046	16,960,833,189
영업경비	인건비			1,513,000,000	1,558,390,000	1,605,141,700	1,653,295,951	1,702,894,830	1,753,981,674	1,806,601,125	1,860,799,158	1,916,623,133	1,974,121,827
	음식재료비			1,442,352,000	1,485,622,560	1,530,191,237	1,576,096,974	1,623,379,883	1,672,081,280	1,722,243,718	1,773,911,030	1,827,128,360	1,881,942,211
	마켓판매원가			1,757,866,500	1,810,602,495	1,864,920,570	1,920,868,187	1,978,494,233	2,037,849,060	2,098,984,531	2,161,954,067	2,226,812,689	2,293,617,070
	광고선전비			811,323,000	827,549,460	844,100,449	860,982,458	878,202,107	895,766,149	913,681,472	931,955,102	950,594,204	969,606,088
	수도비					284,139,132	292,663,306	301,443,205	310,486,501	319,801,096	329,395,129	339,276,983	349,455,292
	기타제경비			3,245,292,000	3,342,650,760	3,442,930,283	3,546,218,191	3,652,604,737	3,762,182,879	3,875,048,366	3,991,299,816	4,111,038,811	4,234,369,975
	일반관리비			811,323,000	835,662,690	860,732,571	886,554,548	913,151,184	940,545,720	968,762,091	997,824,954	1,027,759,703	1,058,592,494
	유지수선비			37,885,218	37,885,218	37,885,218	37,885,218	37,885,218	37,885,218	37,885,218	37,885,218	37,885,218	37,885,218
	토지임차료												
	건물임대료												
	보험료			41,673,739	41,673,739	41,673,739	41,673,739	41,673,739	41,673,739	41,673,739	41,673,739	41,673,739	41,673,739
	토지세												
	건물세			39,779,478	39,779,478	39,779,478	39,779,478	39,779,478	39,779,478	39,779,478	39,779,478	39,779,478	39,779,478
	토지취득세												
	감가상각비			1,333,311,981	1,333,311,981	1,333,311,981	1,333,311,981	1,333,311,981	483,392,030	483,392,030	483,392,030	483,392,030	483,392,030
	계			11,033,806,916	11,313,128,381	11,884,806,357	12,189,330,031	12,502,820,595	11,975,623,729	12,307,852,865	12,649,869,722	13,001,964,349	13,364,435,423
영업이익				5,192,700,496	4,932,923,196	4,438,627,096	4,214,520,961	3,984,778,202	4,599,256,906	4,357,975,714	4,110,589,771	3,856,818,697	3,596,397,766
지불이자(장기)				681,933,916	606,163,481	530,393,046	454,622,611	378,852,176	303,081,740	227,311,305	151,540,870	75,770,435	0
금리공제후당기이익				4,510,766,580	4,326,759,715	3,908,234,050	3,759,898,350	3,605,926,026	4,296,175,165	4,130,664,408	3,959,048,901	3,781,048,262	3,596,397,766
법인세 등 28.00%				1,453,956,139	1,381,218,495	1,242,815,587	1,180,065,869	1,115,737,896	1,287,791,934	1,220,233,200	1,150,965,136	1,079,909,235	1,006,991,374
세금공제후이익				3,738,744,357	3,551,704,701	3,195,811,509	3,034,455,092	2,869,040,305	3,311,464,972	3,137,742,514	2,959,624,635	2,776,909,462	2,589,406,391
누적이익				3,738,744,357	7,290,449,058	10,486,260,567	13,520,715,659	16,389,755,964	19,701,220,936	22,838,963,450	25,798,588,085	28,575,497,547	31,164,903,938

연 차		2016년도	2017년도	2018년도	2019년도	2020년도	2021년도	2022년도	2023년도	2024년도	2025년도
		11년도	12년도	13년도	14년도	15년도	16년도	17년도	18년도	19년도	20년도
매출액	방문객수입	9,481,424,245	9,542,555,585	9,606,079,504	9,672,003,100	9,740,364,262	9,740,364,262	9,740,364,262	9,740,364,262	9,740,364,262	9,740,364,262
	부대사업수입	7,585,139,396	7,634,044,468	7,684,863,603	7,737,602,480	7,792,291,409	7,792,291,409	7,792,291,409	7,792,291,409	7,792,291,409	7,792,291,409
	계	17,066,563,640	17,176,600,054	17,290,943,108	17,409,605,579	17,532,655,671	17,532,655,671	17,532,655,671	17,532,655,671	17,532,655,671	17,532,655,671
영업경비	인건비	2,033,345,482	2,094,345,846	2,157,176,222	2,221,891,508	2,288,548,254	2,311,433,736	2,334,548,074	2,357,893,554	2,381,472,490	2,405,287,215
	음식재료비	1,938,400,478	1,996,552,492	2,056,449,067	2,118,142,539	2,181,686,815	2,203,503,683	2,225,538,720	2,247,794,107	2,270,272,048	2,292,974,769
	마켓판매원가	2,362,425,582	2,433,298,350	2,506,297,300	2,581,486,219	2,658,930,806	2,685,520,114	2,712,375,315	2,739,499,068	2,766,894,059	2,794,562,999
	광고선전비	988,998,210	1,008,778,174	1,028,953,737	1,049,532,812	1,070,523,468	1,081,228,703	1,092,040,990	1,102,961,400	1,113,991,014	1,125,130,924
	수도비	359,938,951	370,737,120	381,859,233	393,315,010	405,114,460	409,165,605	413,257,261	417,389,834	421,563,732	425,779,369
	기타제경비	4,361,401,075	4,492,243,107	4,627,010,400	4,765,820,712	4,908,795,333	4,957,883,287	5,007,462,120	5,057,536,741	5,108,112,108	5,159,193,229
	일반관리비	1,090,350,269	1,123,060,777	1,156,752,600	1,191,455,178	1,227,198,833	1,239,470,822	1,251,865,530	1,264,384,185	1,277,028,027	1,289,798,307
	유지수선비	37,885,218	37,885,218	37,885,218	37,885,218	37,885,218	37,885,218	37,885,218	37,885,218	37,885,218	37,885,218
	토지임차료	-	-	-	-	-	-	-	-	-	-
	건물임대료	-	-	-	-	-	-	-	-	-	-
	보험료	41,673,739	41,673,739	41,673,739	41,673,739	41,673,739	41,673,739	41,673,739	41,673,739	41,673,739	41,673,739
	토지세	-	-	-	-	-	-	-	-	-	-
	건물세	39,779,478	39,779,478	39,779,478	39,779,478	39,779,478	39,779,478	39,779,478	39,779,478	39,779,478	39,779,478
	토지취득세	-	-	-	-	-	-	-	-	-	-
	감가상각비	483,392,030	483,392,030	244,352,336	283,306,650	239,039,694	239,039,694	239,039,694	239,039,694	239,039,694	239,039,694
	계	13,737,590,511	14,121,746,331	14,278,189,331	14,724,289,064	15,099,176,099	15,099,176,099	15,099,176,099	15,099,176,099	15,099,176,099	15,099,176,099
영업이익		3,328,973,129	3,054,853,723	3,012,753,777	2,685,316,515	2,433,479,572	2,433,479,572	2,433,479,572	2,433,479,572	2,433,479,572	2,433,479,572
지불이자(장기)		0	0	0	0	0	0	0	0	0	0
금리공제후당기이익		3,328,973,129	3,054,853,723	3,012,753,777	2,685,316,515	2,433,479,572	2,433,479,572	2,433,479,572	2,433,479,572	2,433,479,572	2,433,479,572
법인세 등 28.00%		932,112,476	855,359,043	843,571,058	751,888,624	681,374,280	681,374,280	681,374,280	681,374,280	681,374,280	681,374,280
세금공제후이익		2,396,860,653	2,199,494,681	2,169,182,719	1,933,427,891	1,752,105,292	1,752,105,292	1,752,105,292	1,752,105,292	1,752,105,292	1,752,105,292
누적이익		33,561,764,591	35,761,259,272	37,930,441,991	39,863,869,882	41,615,975,174	43,368,080,466	45,120,185,758	46,872,291,049	48,624,396,341	50,376,501,633

연 차		2004년도	2005년도	2006년도	2007년도	2008년도	2009년도	2010년도	2011년도	2012년도	2013년도	2014년도	2015년도
		건설연도1	건설연도2	1년도	2년도	3년도	4년도	5년도	6년도	7년도	8년도	9년도	10년도
자금조달	전기이월금				4,124,925,899	8,062,812,142	11,644,805,193	15,065,441,827	18,320,663,674	21,168,390,237	23,842,394,343	26,338,280,569	28,651,451,622
	자기자금	4,735,652,195	4,735,652,195										
	차입금	4,735,652,195	4,735,652,195										
	감가상각비			1,333,311,981	1,333,311,981	1,333,311,981	1,333,311,981	1,333,311,981	483,392,030	483,392,030	483,392,030	483,392,030	483,392,030
	세금공제후 이익			3,738,744,357	3,551,704,701	3,195,811,509	3,034,455,092	2,869,040,305	3,311,464,972	3,137,742,514	2,959,624,635	2,776,909,462	2,589,406,391
	계	9,471,304,390	9,47 ,304,390	5,072,056,338	9,009,942,581	12,591,935,632	16,012,572,266	19,267,794,113	22,115,520,676	24,789,524,782	27,285,411,008	29,598,582,061	31,724,250,044
자금운용	부지취득금												
	건설투자액합계	9,471,304,390	9,471,304,390										
	차입금원금반환			947,130,439	947,130,439	947,130,439	947,130,439	947,130,439	947,130,439	947,130,439	947,130,439	947,130,439	947,130,439
	계	9,471,304,390	9,471,304,390	947,130,439	947,130,439	947,130,439	947,130,439	947,130,439	947,130,439	947,130,439	947,130,439	947,130,439	947,130,439
차기이월금				4,124,925,899	8,062,812,142	11,644,805,193	15,065,441,827	18,320,663,674	21,168,390,237	23,842,394,343	26,338,280,569	28,651,451,622	30,777,119,605
당기잉여금				4,124,925,899	3,937,886,243	3,581,993,051	3,420,636,634	3,255,221,847	2,847,726,564	2,674,004,105	2,495,886,226	2,313,171,053	2,125,667,983
장기차입금잔고				8,524,173,951	7,577,043,512	6,629,913,073	5,682,782,634	4,735,652,195	3,788,521,756	2,841,391,317	1,894,260,878	947,130,439	0
실질Cash flow		-9,471,304,390	-9,4¯1,304,390	4,124,925,899	3,937,886,243	3,581,993,051	3,420,636,634	3,255,221,847	2,847,726,564	2,674,004,105	2,495,886,226	2,313,171,053	2,125,667,983
손익분기				-6,679,690,472	-10,754,806,683	-12,581,241,823	-12,320,352,311	-10,137,552,932	-5,590,419,020	1,147,326,966	9,897,567,149	20,477,586,354	32,699,881,512
단년도손익분기				-6,679,690,472	-4,075,116,210	-1,826,435,140	260,889,512	2,182,799,379	4,547,133,912	6,737,745,987	8,750,240,183	10,580,019,205	12,222,295,158
기타경비				2,135,890,055	1,987,381,976	1,773,208,633	1,634,688,480	1,494,590,072	1,590,873,674	1,447,544,505	1,302,506,006	1,155,679,670	1,006,991,374
세금공제후이익 차입금원금반환				2,791,613,918	2,604,574,262	2,248,681,070	2,087,324,653	1,921,909,866	2,364,334,533	2,[illegible]90,612,075	2,012,494,196	1,829,779,023	1,642,275,952
단년도투자회수전환				-6,679,690,472	-4,075,116,210	-1,826,435,140	260,889,512	2,182,799,379	4,547,133,912	6,737,745,987	8,750,240,183	10,580,019,205	12,222,295,158

연 차		2016년도	2017년도	2018년도	2019년도	2020년도	2021년도	2022년도	2023년도	2024년도	2025년도
		11년도	12년도	13년도	14년도	15년도	16년도	17년도	18년도	19년도	20년도
자금조달	전기이월금	30,777,119,605	33,657,372,288	36,340,258,999	38,753,794,055	40,970,528,597	42,961,673,582	44,952,818,568	46,943,963,554	48,935,108,539	50,926,253,525
	자기자금										
	차입금										
	감가상각비	483,392,030	483,392,030	244,352,336	283,306,650	239,039,694	239,039,694	239,039,694	239,039,694	239,039,694	239,039,694
	세금공제후 이익	2,396,860,653	2,199,494,681	2,169,182,719	1,933,427,891	1,752,105,292	1,752,105,292	1,752,105,292	1,752,105,292	1,752,105,292	1,752,105,292
계		33,657,372,288	36,340,258,999	38,753,794,055	40,970,528,597	42,961,673,582	44,952,818,568	46,943,963,554	48,935,108,539	50,926,253,525	52,917,398,511
자금운용	부지취득금										
	건설투자액합계										
	차입금원금반환										
계		-	-	-	-	-	-	-	-	-	-
차기이월금		33,657,372,288	36,340,258,999	38,753,794,055	40,970,528,597	42,961,673,582	44,952,818,568	46,943,963,554	48,935,108,539	50,926,253,525	52,917,398,511
당기잉여금		2,880,252,683	2,682,886,711	2,413,535,056	2,216,734,541	1,991,144,986	1,991,144,986	1,991,144,986	1,991,144,986	1,991,144,986	1,991,144,986
장기차입금잔고		0	0	0	0	0	0	0	0	0	0
실질Cash flow		2,880,252,683	2,682,886,711	2,413,535,056	2,216,734,541	1,991,144,986	1,991,144,986	1,991,144,986	1,991,144,986	1,991,144,986	1,991,144,986
손익분기		47,319,037,322	64,137,687,814	83,125,521,025	104,046,782,127	126,720,148,521	151,145,620,206	177,323,197,184	205,252,879,453	234,934,667,014	266,368,559,866
단년도손익분기		14,619,155,811	16,818,650,492	18,987,833,211	20,921,261,102	22,673,366,394	24,425,471,686	26,177,576,977	27,929,682,269	29,681,787,561	31,433,892,853
기타경비		932,112,476	855,359,043	843,571,058	751,888,624	681,374,280	681,374,280	681,374,280	681,374,280	681,374,280	681,374,280
세금공제후이익-차입금원금반환		2,396,860,653	2,199,494,681	2,169,182,719	1,933,427,891	1,752,105,292	1,752,105,292	1,752,105,292	1,752,105,292	1,752,105,292	1,752,105,292
단년도투자회수전환		14,619,155,811	16,818,650,492	18,987,833,211	20,921,261,102	22,673,366,394	24,425,471,686	26,177,576,977	27,929,682,269	29,681,787,561	31,433,892,853

찾아보기

김상봉(金相奉)

현 고려대학교 공공행정학부 교수
일본 동경공대 사회공학 박사
일본 미쓰비시 종합연구소(MRI) 동경본사 전문연구원
일본 노무라 종합연구소(NRI) 서울지사 사업전략연구실장
경남대학교 법정대학 법행정학부 교수 역임
입법고등고시 PSAT출제위원
행정자치부 지방공사 공단 평가위원
행정중심복합도시건설추진위원회 자문위원회 위원
산림청 중앙산지관리위원회 위원
한국도시행정학회 감사 및 편집위원
한국지방정부학회 연구이사 및 편집위원

『공공시스템의 계획학』(일본: 技報堂出版, 2000, 공저)
『공항정비사업의 비용효과분석』(일본: 재단법인 운수정책연구기구, 1999, 공저)
『비용편익분석의 이론과 실제』(서울: 박영사, 2004, 공저)
한국행정학보, 한국정책분석평가학회보, 한국도시행정학회보, 한국지방정부학회보 등에 60여 편의 논문 발표

공공투자분석

2009년 2월 25일 초판 인쇄
2009년 3월 5일 초판 발행

저 자 김 상 봉
발행인 이 방 원
발행처 세창출판사
서울 서대문구 냉천동 182 냉천빌딩 4층
전화 723-8660 팩스 720-4579
E-mail: sc1992@empal.com
Homepage: www.sechangpub.co.kr
신고번호 제300-1990-63호

정가 18,000 원

ISBN 978-89-8411-262-9 93350